14.1.93.

Hermann-Josef Weidinger

DAS DREIFACHE SIEGEL

Hermann-Josef Weidinger

Das dreifache Siegel

Gedanken zur Lebenstiefe

VERLAG NIEDERÖSTERREICHISCHES PRESSEHAUS
St. Pölten–Wien

Kein Tag ist wie der andere. Und dennoch dreht sich alles nur um mich! Um dich genauso! Oder etwa nicht?

Hinfinden zu einem wesentlichen Leben. Das aus der Begegnung mit Gott heraus reift. Immer ausgeprägter, nachhaltiger, gründlicher und tiefer wird.

Den Weg zu einem bewußten Leben erkunden. Das nicht im Wirrwarr der Kümmernisse heillos zerrinnt. Unter der Last der Bürde stöhnt und ächzt.

Christus kennenlernen. IHM begegnen. Mit Christus persönlich Bekanntschaft machen. Und auf SEINE Ankunft warten.

Gerade das fällt unserer Menschennatur in einer Welt von heute schwer. Das „Arbeiten für Gott" hingegen liegt uns mehr. So ertrinken wir in der Flut der Geschäftigkeit. Und bleiben „Geist-los".

Der Geist Gottes wird nur denen geschenkt, die warten. Die Tag für Tag im Gebet Gott unaufhörlich auf ihr Herz einwirken lassen.

„Herr Jesus Christus, Sohn des lebendigen Gottes, erbarme DICH meiner." Immer wieder, immer wieder will ich dieses Gebet sprechen.

Ohne Unterlaß. Damit es endlich zum Dauer-Atmen meiner Seele wird.

Alles ordnen. Koffer packen. Eigenartig, daß äußere Umstände mich dorthin führten.

Fünf Jahre liegt es bereits zurück. Eingeladen war ich von der Evangelischen Kirche, zu einem Kongreß christlicher Medizin nach Westafrika zu fahren.

Da ließ es sich eine große Tageszeitung nicht nehmen, ein Foto von mir zu bringen. Als Schlagzeile stand zu lesen: „Der Kräuterpfarrer packt seine Koffer."

Und dieser Gedanke liegt heute meinem Buch zugrunde. Bevor ich abberufen werde von dieser Erde, möchte ich gründlich Rückschau halten. Möchte herausfinden, woraus mein Seelsorger-Sein, mein Kräuterpfarrer-Tun entspringt.

Den Zeigefinger will ich tief ins Herz hineinlegen. Ertasten und spüren will ich es. Ergründen, was mein Tun und Schaffen eigentlich bewegte und bewegt.

Gedanken zur Lebenstiefe sollen es sein. Gedanken, die Zusammenhänge von Leib und Seele, Mensch und Natur, Gottes Gnade und Wirken in den Vordergrund rücken. Verschüttetes in uns freilegen. Und das innere Auge schärfen.

Keiner von uns „kommt von ungefähr" in diese Welt. Der Geist Gottes erfüllt den Erdkreis. ER weiß um mich. Kennt mich. Ruft mich bei meinem Namen. Klar vor IHM liegt mein weiterer Lebensweg.

»Ihr seid offensichtlich ein Brief Christi, ausgefertigt von uns und geschrieben nicht mit Tinte, sondern mit dem Geiste des lebendigen Gottes, nicht auf steinerne Tafeln, sondern auf fleischerne Tafeln des Herzens.« (2 Kor 3, 3)

Ein Brief. Mir in der Stunde des Werdens übergeben. Fest verschlossen und dreifach versiegelt. Nichts ist offenbar. Alles verhüllt. Schritt für

Schritt, wenn die Siegel fallen, dann werden sie frei, die Kräfte „in mir“, aber auch „außer mir“ und nicht zuletzt „über mir“. Zum Heil und zur Heilung.

Woher ich komme und wohin ich gehe. – Ein Teil der Natur bin ich, die mich erhält. – Anteil am Geiste Gottes habe ich. Um letztlich darin zu ruhen, wie es uns verheißen ist.

Gesundung kommt aus dem Dreischritt von Selbsterfahrung, Naturverständnis und Glaubensstärke.

Wie jedes Gebäude nach und nach wird, so ist es auch beim Hineinwachsen ins Leben nicht anders.

Verstand und Gemüt vereinen sich. Der Seele Einfluß will nicht unterdrückt werden. Erbfaktoren, Sippe und Familie üben ihre bleibende Prägung aus. Die Erziehung in Elternhaus und Schule stellt die ersten Weichen. Und der Zeitgeist? Er sucht sich seine Hörigen. In der Nachfolge Christi reißen die „acht Seligkeiten“ eine Kluft auf zwischen dem rein Menschlichen und dem Geist Gottes. Die List Satans, wer vermag sie zu verneinen? Wer die Macht der Gewohnheit zu bestreiten?

Gedanken, in Anekdoten, Beispiele und Gleichnisse gekleidet, durch die Wahrheit der Bibel belegt, geleiten dich.

1. BUCH

»Denn dein Name ist über mir ausgerufen.«
(Jer 15, 16)

Langsam streicht die Hand über die Haut. Spürt die Vertiefungen der Poren, die Rinnen der Falten, den Ansatz der Haare.

Die Form des Körpers, die ihre stumme Sprache spricht, teilt sich mit. Dringt in die Wahrnehmungssphäre der Finger ein. Löst Gefühle und Empfindungen aus, die nicht von der Oberfläche irgendeines Gegenstandes herrühren, sondern vom Wesensgrund der Seinstiefe aussagen. Die hier mit sich selber redet, sich schier in die Unergründlichkeit der Gedankenfülle ergießt.

Komme so zur Erkenntnis: Ich bin gut rasiert.

Und ein neuer Tag beginnt für mich. Mit seinen Alltäglichkeiten, die sich vielschichtig infiltrieren. Sich in mich hineinfressen. Mich verändern, nicht selten bis zur Unkenntlichkeit meiner selbst. Dann laufe ich vor mir davon. Will aus meiner Haut fahren.

Es gelingt mir aber nicht ganz. Ich empfinde es. Ein Stück meines „Ich" läuft mir immer noch nach. Nicht nur das: Es überholt mich sogar, reißt mich auf.

In der Ohnmacht meiner Machtlosigkeit erst erlebe ich die Allmacht, in die mein Leben eingebettet ist wie in einer tiefen Mulde. Behütet und gehortet.

Brot und Wasser. Ist eine schlichte Mahlzeit, die Leben erhält und Kraft gibt. – Anspruchslose, einfache Menschen in alten Zeiten nahmen sie dankbaren Herzens entgegen.

» *Wer den Herrn fürchtet und wer am Gesetz festhält, erlangt die Weisheit. Sie geht ihm entgegen wie eine Mutter, wie eine junge Gattin nimmt sie ihn auf. Sie nährt ihn mit dem Brot der Klugheit und tränkt ihn mit dem Wasser der Einsicht.* ‹‹

(Sir 15, 1–3)

Das Märchen, das kein Märchen ist. Keine knöcherne Hand, die von drüben herübergreift. Zum Bild der Wirklichkeit wird es im Flimmerschein sprachlichen Abglanzes.

Ein See. Irgendwo liegt er. Aus ewig sprudelnden Quellen gespeist. Und seine Wasser haben die Kraft, jeden, der da hineinsteigt, wieder jung und gesund zu machen, wie in der Blüte der Jahre. So kommen sie denn von allen Seiten, die vom Leben Verbrauchten.

Müde und verdrossen schleppen sie sich daher. Doch tief verborgen in ihren Herzen glimmt noch zerbrochen der Span verschämter Hoffnung auf.

Matt, häßlich und verwelkt steigen sie hinein … und dann geschieht das Unerwartete, kaum Erträumte, aber heiß Ersehnte: In jugendlicher Frische verlassen sie das verjüngende Bad.

Kein seliger Traum in Worten dichtender Phantasie. Ein Hirngespinst zwar, das hier auf Erden nie Gestalt annehmen kann. Aber zum Zeigefinger wird. Nur geborgen und getragen auf dem Kissen kindlichen Vertrauens in die väterliche Güte eines allmächtigen, unendlich liebenden Gottes verwirklicht sich das Märchen. Denn ER ist der grenzenlose Ozean. ER gibt ewig neues Leben. Schenkt allen, die das Brot der Klugheit essen und das Wasser der Einsicht trinken, verjüngendes Dasein für immer.

»Ihr seid alle durch den Glauben Söhne Gottes in Christus Jesus.

Denn ihr alle, die ihr auf Christus getauft seid, habt Christus angelegt.

Es gibt nicht mehr Juden und Griechen, nicht Sklaven und Freie, nicht Mann und Frau; denn ihr alle seid ‚einer' in Christus Jesus.

Wenn ihr aber zu Christus gehört, dann seid ihr Abrahams Nachkommen, Erben kraft der Verheißung.«

(Gal 3, 26–29)

Durch den Glauben an Christus sind wir freie Menschen geworden, die wahren Nachkommen Abrahams. Gerufen und getragen – das bedeutet, alle menschlichen Sicherheiten aufzugeben und sich völlig Gottes Führung anzuvertrauen.

Abrahams Gottesfurcht und Gehorsam sichern ihm nicht ein ungestörtes, friedvolles Leben. Ganz im Gegenteil. Gott fordert ihn auf, seinen einzigen Sohn Isaak, den Erben der Verheißung, zu opfern.

Damit scheint Gott SEINE Zusage zurückzunehmen und Abraham in das Dunkel der Zukunftslosigkeit zu stoßen. Abraham aber folgt ohne zu zögern dem unverständlich harten Befehl und beweist dadurch sein grenzenloses Vertrauen zu Gott.

Nachdem Abraham diese Gehorsamsprobe bestanden hat, zeigt sich Gott als der, der zu SEINEN Verheißungen steht: ER verhindert das Opfer und erneuert, ja verstärkt die Zusage.

»Gleicht euch nicht dieser Welt an, sondern wandelt euch und erneuert euer Denken, damit ihr prü-

fen und erkennen könnt, was der Wille Gottes ist: was ihm gefällt, was gut und vollkommen ist.«

(Röm 12, 2)

Gott sucht Treue. Nur wer IHM treu bleibt, hat Zukunft. Gott erwählt sich treue Diener. Jesus ist der treue und barmherzige Hohepriester und der treue Zeuge Gottes.

Guiseppe Sarto. Mir hat er immer viel bedeutet. Ich sehe ihn vor mir auf dem Weg zur Schule. Die Schuhe auf den Schultern pendeln hinten und vorne hin und her. Groß ist sein Lernwille, unbegrenzt sein Eifer. Er, der Sohn eines Briefträgers, wird Priester. Nimmt sich der armen, kleinen Weinhauer seiner Pfarre an. Borgt ihnen seinen Esel für ihre Arbeiten im Weinberg. Kostenlos verleiht er ihn. Mit der einen Auflage, ihn zu füttern. Keiner tut es aber. Sie schinden ihn aus. Bis schließlich der „Pfarrer-Esel“ eingeht.

Die Güte des Pfarrers wird sprichwörtlich. Sein Eifer ist ohnegleichen.

Einmal kommt ihm zu Ohren, daß einige Burschen und Männer am Sonntag den Anschein erwecken, zum Gottesdienst zu gehen.

In Wirklichkeit aber verdrücken sie sich in einen Schuppen, um dort Karten zu spielen.

Der Pfarrer unterbricht seine Predigt, ersucht die Gläubigen, einstweilen zu beten.

Steht dann mitten unter der Kartenspielerschar. Schaut alle ruhig und gelassen an. Ladet sie ein, zum Gottesdienst zu kommen.

Keiner kann seiner Güte widerstehen.

Er wird später Bischof von Mantua, dann von 1903 bis 1914 unter dem Namen Pius X. Nachfolger Petri. Sein leitendes Ziel: „Alles in Christus erneuern."

Als ich am Grabe des Heiligen in der Peterskirche zu Rom kniete und betete, kam mir eine Episode aus seinem Leben in den Sinn. Papst Pius X., dessen schlichtes, einfaches Wesen allbekannt war, zog einmal während einer feierlichen Audienz eine alte Nickeluhr in abgegriffenem Gehäuse an einer nicht minder abgenutzten Lederkette hervor.

Ein italienischer Fürst, der bei der Audienz zugegen war, bot dem Papst sofort seine eigene Uhr, ein wahres Meisterstück, zum Tausche an. Pius X. aber lehnte freundlich ab. Die Uhr habe ihm seine Mutter in jungen Jahren geschenkt. Er werde ihr die Treue bewahren, und sie erwidere anscheinend diese Treue, denn sie gehe auf die Minute recht.

In Anbetracht meines Geburtstages. Tolpatschig wie ein kleines Kind stand ich da. Wenig klug kam ich mir vor.

27.412 Tage. 657.888 Stunden. Und da drinnen liegt mein Leben. In einer Zeitfassung von 75 Jahren. Was habe ich aus all diesen Tagen und Stunden gemacht? Wem bin ich Dank dafür schuldig?

Ein Endlos-Wasser, das sich vor meinen Augen ausbreitet, offen vor mir liegt. Versandete Uferstrecken zeigt, wo der Wind eingreift und Dünen aufbläst. Alles nur in Braungelb flirrt, kein Halm ergrünt.

Dann wieder der Schilfgürtel, vermoort und verfilzt. Er geht in die Breite. Wassertümpel sind eingestreut, unsichtbar dem ungeübten Auge. Erst wenn man hineinpatscht und es weithin aufspritzt, kommt die Erkenntnis. Für diesen Tritt schon zu spät. Doch rechtzeitig genug, um den nächsten Fehltritt zu vermeiden.

»Der Gerechte hat die Weisung seines Gottes im Herzen, seine Schritte wanken nicht.« *(Ps 37, 31)*

Und das Meer – meines Lebens Spiegel in der Summe der Tage? Nicht inert liegt es da, eingenickt in schmeichelnder Sonne süßer Umarmung, untätig und träge.

Die Wellen? Sie bäumen sich auf, als wollten sie mich verschlingen. Und dennoch! Sie tragen und führen mich vorwärts.

»Bei ihm liegt wie ein Siegel eines Menschen Guttat, und er bewahrt wie ein Augenstern sein Wohltun.« *(Sir 17, 22)*

Dann wird es ruhig, das Meer. Weil der HERR ihm Ruhe gebot. ER selbst kommt mir entgegen, sicheren Schrittes auf wogender See. Wie damals, als Petrus ein Gespenst sah. In der Tat aber war es die Heimsuchung des HERRN.

Ich verlasse mein Schifflein und eile zu IHM. ER nimmt mich bei der Hand, und ich wandle auf den Wellen. Zu kleinmütig bin ich. Zweifel befällt mich. Ich bange, obwohl der HERR da ist. Wie damals Petrus, der bei weitem noch kein Fels war.

Ich beginne zu sinken. Fühle mich beinahe verloren, hinabgezogen in den Strudel, in die Tiefe. Doch ER reißt mich empor und drückt mich an sich. Läßt mich ruhen an SEINEM Herzen, wie einst Johannes in der Stunde, da ER sich uns im Brechen des Brotes ganz schenkte. In einer Stunde, da Verrat und Feigheit IHN umgaben, ER aber uns allen in der Erniedrigung SEINE göttliche Größe bezeugte.

„Das hörende Ohr und das sehende Auge, alle beide hat sie der Herr gemacht." (Spr 20, 12)

Dort, wo Liebe und Friede wachsen, begann das Zählwerk meiner Stunde anzulaufen. Im Kreise meiner Familie.

Jedes Kind ist ein kostbares Geschenk. Gott kennt es schon, ehe es geboren ward. Jedes Menschenleben will ER in SEINER Herrlichkeit vollenden. Auf dem Weg dorthin sollen die Eltern die ersten Wegweiser, Lehrer und Führer sein.

Aus eigener Kraft vermag ein Kind nichts. In allem müssen ihm die Eltern den Weg bereiten. Aus ihrem Mund findet das Wort Gottes hin zum jungen Menschen.

Ehe ist Einbindung, Schöpfungsgabe Gottes. Das Leben, das die Eltern weitergeben, kommt aus Gott und bleibt gleichzeitig Gottes Eigentum. ER bestimmt die Anlagen und Fähigkeiten des Kindes.

Die Eltern stehen in SEINEM Dienst. Sind Treuhänder aller Talente, die dem jungen Leben mitgegeben sind.

Eine Frau aus Oberösterreich schreibt mir: „Wenn auch meine Grüße erst nach Weihnachten kommen, danke ich Ihnen für alles, was Sie Gutes tun. Daß dieses Licht von Bethlehem leuchten möge, auch im kommenden Jahr. Das wünsche ich für viele Ratsuchende. Und danke, daß es auch mir schon oft Wärme und Licht gegeben hat.

Vor fünfeinhalb Jahren hatte ich mit Ihnen meine erste persönliche Begegnung. Bei einem Ihrer Kurse. Damals, als ich, schon Mitte der Vierzig, noch einmal schwanger wurde, nach fünfzehnjähriger Pause. Sie haben mich vor allen Anwesenden gesegnet.

Heute ist unser Markus fünf Jahre alt, gesund und aufgeweckt. Wir erleben viel Freude mit ihm.

Gerade heute – am Tag vor dem Heiligen Abend – bin ich das erste Mal Großmutter geworden, von einem Buben meines großen Sohnes. Wir freuen uns alle sehr."

» Ihr Kinder, gehorcht euren Eltern, wie es vor dem Herrn recht ist. Ehre deinen Vater und deine Mutter; das ist ein Hauptgebot, und ihm folgt die Verheißung: damit es dir gut geht und du lange lebst auf der Erde. « *(Eph 6, 1–3)*

Einst las ich auf einem Abreißkalender: „Die Bilder im Elternhaus sind von nicht zu unterschätzender Bedeutung für das Gemütsleben der Kinder. Sie können ‚Gift' oder ‚Mitgift' für sie sein. Bei der Beschaffung soll man stets bedenken, daß der Kinder Augen viel und nachdenklich auf ihnen ruhen werden.

Die Erinnerungen an ein Bild im Elternhaus begleiten ein Kind oft durchs ganze Leben. Sorgen wir dafür, daß es eine gute ‚Mitgift' sei."

Drei Dinge werde ich in meinem Leben nie mehr vergessen. Sie hingen in meinem Elternhaus neben der

Stubentür an der Wand: ein Weihwasserbecken, ein Kruzifix und ein altes, dunkles Ölbild der heiligen Barbara. Die Kraft, die von diesen Drei-Zeichen ausging, griff spürbar in mein Leben ein.

»Deine Augen sollen geradeaus schauen, und deine Blicke richte nach vorn!« (Spr 4, 25)

„Zeichen sein! Zeichen setzen!" schrieb mir ein Freund zum Fastenbeginn. Heilige Zeichen begleiten uns über die Kinderstube hinaus. Solange ein Stück dieses so wertvollen Kind-Seins in uns erhalten bleibt, werden uns „Dinge" etwas zu sagen haben und Worte mehr als nur Klangkörper bedeuten.

Nach Eichendorff kann das Wort auch ein Lied sein: „Schläft ein Lied in allen Dingen, die da träumen fort und fort, und die Welt hebt an zu singen, triffst du nur das Zauberwort."

Die Sprache der Dinge verstummt nicht. Glücklich, wer sie schon von Kindheit an zu schätzen und zu deuten weiß.

Fuhren meine Finger in den Weihbrunnen, malten ein feuchtes Kreuz auf Stirne, Mund und Brust, so wußte ich, daß ich von nun an ein Schutzzeichen trug, dessen Kraft von oben kam.

War ich einmal „dickschädelig" – was gar nicht so selten passierte –, dann nahm mich die Mutter bei der Hand, ging mit mir hin zum Kruzifix, das an einer dicken, dunklen Schnur über dem Weihwasserkessel hing. Weil ich dem „lieben Gott" wehgetan hatte, sollte mir jetzt ein Kuß aufs Kreuz Versöhnung und Frieden schenken.

Die heilige Barbara galt in meinen Vorstellungen als Helferin, „damit keiner von uns verlorengeht und wir alle im Himmel weiterleben".

Der deutsche Dichter Clemens Brentano, 1778 bis 1842, ging eines Morgens im Westfälischen in aller Frühe durch ein Dorf. Über einen Zaun hörte er Kinderworte klingen. Er stand still und lauschte. Es war ein rührend schlichtes Morgengebet. Ein zerlumptes Hirtenmädchen von etwa sieben Jahren ging auf einer Wiese hinter ein paar Gänsen mit einer Weidenrute her. Mit unnachahmlicher Andacht betete es: „Guten Morgen, lieber Gott! Gelobt sei Jesus Christus. Lieber Vater im Himmel! Gegrüßet seist du, Maria! Ich will gut sein, ich will fromm sein! Alle lieben Heiligen! Alle heiligen Engel! Ich will gut und brav sein! Ich habe ein Stück Brot, das esse ich; für das liebe Brot danke ich. Ach, helfe mir auch, daß mir die Gänse nicht ins Getreide laufen und daß kein böser Junge eine totwirft. Helft mir doch, ich will ein gutes Kind sein. Lieber Vater im Himmel! Amen."

Mein Leben ist reichhaltig und inhaltsschwer. Vielfältig und einmalig. Wandelbar und gestaltungsfähig. Voll von neuen Entdeckungen. Auf der Suche zum Christ in mir.

Mutmacher meiner selbst sein muß ich immer wieder. Warum denn in engen Gassen des Denkens steckenbleiben und nicht eintauchen in die Frei-Weite der Liebe und der Güte Gottes?

Daran mein Leben orientieren? Herauswachsen aus der Zimperlichkeit und dem Verzagen?

Trug da ein Wanderer auf seinen Schultern einen Sack, unter dessen Last er unausgesetzt stöhnte und murrte. Niemand konnte ihn trösten oder ihm helfen.

Als er so langsam seines Weges trottete, tief gebeugt unter seiner Bürde, kam der Engel des Frohsinns zu ihm und sagte freundlich: „Bruder, was trägst du da?"

Verdrossen antwortete der Wanderer: „Meine Sorgen!" Da lächelte ihn der Engel mitleidig an und sagte: „Laß uns in das Bündel schauen und deine Sorgen prüfen." Und sie öffneten den Sack, aber – er war leer.

„Wie ist das möglich", rief der Mann, „es waren ja zwei große Sorgen in meinem Sack, viel zu schwer für die Schultern eines Mannes. – Aber freilich, ich vergaß, eine war der Kummer von gestern, und der ist nun schon vergangen."

„Und der andere?" – „Ja, der andere, das war der Kummer vom morgigen Tag, und der ist noch nicht da." Wiederum lächelte der Engel des Frohsinns dem müden Wanderer in sein sorgenvolles Antlitz und sagte: „Höre! Wer immer sich niederdrücken läßt von den Sorgen gestern und morgen, plagt sich ab ohne Nutzen. Aber wer nur die Sorge des gegenwärtigen Tages trägt, braucht keinen Sack dafür. Wirf diesen schwarzen Sack weit von dir, gib all deine Kraft, deine Freudigkeit und deinen Mut dem gegenwärtigen Tag und wahres Unglück wird dich nie überwältigen."

Der Mann tat, wie der Engel des Frohsinns ihm geraten hatte. Als er dann seinen Weg fortsetzte, war der Tritt hurtig und leicht. Seine Hände waren frei, vielen anderen Wanderern ihre Bürde zu erleichtern und für sich selbst manch süße Frucht und liebliche Blume am Wege zu pflücken.

Als der Abend anbrach, da fand ihn der Engel des Frohsinns mit einem Lied auf den Lippen und einem heiteren Lächeln …

Ja, wirf deinen Sack voll Sorgen fort von dir.

Auch die Stunden des Verzagens haben ihr Für in sich. Wie eben alles im Leben zwei Seiten hat.

Eine davon ist die Sonnenseite. Sie kommt nicht allein auf mich zu. Nur dann, wenn ich mich der Sonne aussetze, wenn ich Licht und Wärme mag, nur dann kann ich beides empfangen. Und … verschenken. Denn … nur wer hat, kann geben.

Und die Schattenseiten? Lassen sich im Licht der Sonne verscheuchen. Und auch ertragen.

»*Ich bin das Licht der Welt. Wer mir nachfolgt, wird nicht in der Finsternis umhergehen, sondern wird das Licht des Lebens haben.*« *(Joh 8, 12)*

Licht gibt Glanz, durchdringend und tiefreichend. Auch im späten Sommer. Geheimnisvoll ist selbst noch die gedämpfte Aureole herbstlicher Dämmerung.

Erst im wahren Licht des Lebens erscheint alles Irdische in einer ewigen Bedeutung. Darin erklärt sich vieles, enträtselt sich manches.

Seefahrer erzählten sich gerne die Sage von der Magnetinsel. Fern am Ende der Welt stand ein Berg, eine einzige magnetische Masse.

Kam ein Schiff dieser Insel nahe, so war jede Mühe vergebens, sich der Anziehungskraft des Kolosses zu entziehen. Alle Schrauben und Nägel lösten sich aus dem Fahrzeug und trieben dem Magnetberg zu, indes die Planken auseinanderfielen.

Ob diese Sage mich betrifft? Das Schiff, auf hoher See in einen Bann gezogen, ich selber sein könnte?

Wie ergeht es jedem Menschen, denkt er nur ein wenig an sein Ende? Während der irdische Bau in der Stunde des Todes zerfällt, eilt die Seele mit Urgewalt dem Gottesgeist entgegen. ER hat sie ja als unsterbliches Wesen erschaffen und so gestaltet, daß sie sich an IHM orientieren will.

»Der Odem des Menschen ist eine Leuchte des Herrn, sie durchspäht alle Kammern des Leibes.«

(Spr 20, 27)

Ein ewiges Heimweh ist uns mitgegeben. Die Sehnsucht des Kindes nach Heimat und Eltern. Das Zittern der Magnetnadel, bis sie auf den Pol eingeschwungen ist. Die Zeiger der Uhr, die rastlos von der Feder weitergetrieben werden. Der Drang der Zugvögel nach dem sonnigen Süden, wenn die Herbststürme zu toben beginnen und die Schneedecke alles einhüllen will.

Weil das Weib vom Manne stammt – laut biblischem Bericht –, deshalb treibt die Sehnsucht der Liebe sie wieder zueinander.

Die Seele? Sie ist Gottes Hauch. Und darum ist die Seligkeit des Suchens nach Gott noch größer als das Verlangen nach menschlicher Vereinigung. Denn aus Gott ist die Seele genommen, und wieder eins mit IHM will sie werden.

»*Wohl dem Mann, der Weisheit gefunden, dem Mann, der Einsicht gewonnen hat.*

Wer nach ihr greift, dem ist sie ein Lebensbaum, wer sie festhält, ist glücklich zu preisen.

Der Herr hat die Erde mit Weisheit gegründet und mit Einsicht den Himmel befestigt.«

(Spr 3, 13; 18–19)

Groß und breit gewachsen steht der Nußbaum da, mit vielen Ästen. An den Ästen viele grüne Nüsse und viele Blätter. Die Gegend ist wunderschön. Die Luft zieht durch die Krone. Die Sonne leuchtet vom blauen Himmel hoch hinein.

Solch kleine Nuß an diesem großen Baum, das ist die Körperwelt, das Weltall.

Wie aber dieser Baum in einer weiten, schönen Gegend steht, so und noch schöner steht die Körperwelt mitten in der Welt der Geister. Diese zieht durch die sichtbare Welt wie die Luft zwischen den Ästen des Baumes. Nur sieht man sie so wenig wie die Luft.

Und was die Sonne für den Baum, das ist Gott für SEINE Schöpfung. Gewiß, wir sehen IHN nicht, aber das hat seinen guten Grund.

Wenn wir nämlich mitten im dichten Laub des Baumes säßen, würden wir die Sonne auch nicht sehen, denn der Baum hindert uns daran. So verdeckt die Körperwelt den Anblick Gottes. Aber daß ER da ist, das merkt man wohl. Auch im dichtesten Baum spürt man, daß die Sonne am Himmel steht, selbst wenn Wolken sie verdecken.

» Stückwerk ist unser Erkennen. « (1 Kor 13, 9)

Leben drängt zum Leben. Die Welt, so wie sie „liegt und steht“, ist etwas sehr, sehr Schönes. Eine Frohbotschaft, die es zu erfahren, zu erschauen und zu verkünden gilt.

„Kein schöner Land“, von vielen bloß deshalb nicht als ein solches erkannt, weil sie sich selber im Wege stehen. Sich die Aussicht verstellen.

Den Wanderstab in die Hand nehmen, mutig losziehen – und die Wanderschaft wird gelingen. Durch dieses Land, das einfach Leben heißt.

„Bedenket, wie groß und wie edel der Mensch geschaffen ist und in welcher Größe seine Struktur erfaßt werden muß! Es ist keinem Kopf möglich, den Bau seines Leibes und das Maß seiner Tugenden auszudenken. Nur als Abbild des Makrokosmos, der ‚Großen Kreatur‘, ist es zu begreifen. Erst dann wird offenbar, was in ihm ist“, meint Paracelsus, der Feuergeist seiner Zeit.

Gott gebührt der erste Platz in meinem Leben. Und was gebührt mir? Mir bleibt die dienende Rolle, der letzte Platz. Er muß mich zufrieden machen.

Und wieder ergreift Bombast von Hohenheim das Wort. „Die wahre Erkenntnis vom Wesen des Menschen kann nur von seiner Ewigkeit her genommen werden. Es ist durch kein anderes Anzeichen zu verstehen.“

„Obenbleiben“. Grundsatz und Schlachtruf vieler. Daraus entsteht unser Zeitgeist der Oberflächlichkeit, des Seichtganges, der „Sanften Tour“. Zugleich aber auch des rücksichtslosen Jagens nach Erfolg.

Gedankengänge – auf die Dauer verhuldigt – verästeln sich ineinander, werden zur Mentalität vieler. Und das Endprodukt? Eben der Zeitgeist.

»Sie sollten Gott suchen, ob sie ihn ertasten und finden könnten; denn keinem von uns ist er fern.«

(Apg 17, 27)

Kostbar ist ihm jeder Tropfen Zeit, sagt Augustinus. Im geistlichen Leben kommt es nicht darauf an, die Zeit zu messen, sondern sie als gewährte Gunst anzunehmen und zu nutzen.

Das Geschenk der Zeit befähigt uns auch zur Begegnung mit anderen Menschen und zur Liebe. Unsere Hoffnung ist es, daß unsere Zeit in die Hände des ewigen Gottes einfließt.

»Achte also darauf, daß in dir statt Licht nicht Finsternis ist. Wenn dein ganzer Körper von Licht erfüllt und nicht Finsternis in ihm ist, dann wird er so hell sein, wie wenn die Lampe dich mit ihrem Schein beleuchtet.« *(Lk 11, 35–36)*

Das richtige Zeitverständnis wird zum tragenden Element. Gibt Impulse weiter für die Erneuerung des menschlichen Denkens und Wollens. Prägt unsere Zeit.

Herausgerissen zu sein aus dem Zusammenhang der Menschengemeinschaft kann einen furchtbar quälen. Wie sehr dies einem „gegen die Natur geht“, zeigt das Beispiel des italienischen Dichters Silvio Pelico.

1789 in Saluzza geboren, lebte er vom Jahr 1810 an in Mailand.

Dort gab er mit mehreren Patrioten die Zeitschrift „Il Conciliatore“ heraus, deren erklärtes Ziel es war, die Einigung Italiens vorzubereiten und die Österreicher aus dem Land zu vertreiben.

1820 wurde Pelico als „das Haupt der Verschwörung“ und Mitglied der „Karbonari“ verhaftet, zum Tode verurteilt, jedoch begnadigt. Erst nach fünfzehn Jahren Festungshaft auf dem Spielberg bei Brünn öffneten sich für ihn die Tore zur Freiheit. Fortan lebte er zurückgezogen als Bibliothekar in Turin. Die harte Zeit seiner Haft schildert er in dem Werk „Meine Gefangenschaft“, eines der meistgelesenen Bücher des Risorgimento.

Darin erzählt er, welchen Trost es für ihn und seine Mitgefangenen schon bedeutete, wenn einmal ein Herr vom Wiener Hof kam, um ihnen nur seine Anteilnahme auszudrücken.

„O wie lebhaft ist der Wunsch des Eingekerkerten“, schreibt er weiter, „einen teilnehmenden Mitmenschen zu sehen. Die christliche Religion, die so reich an Liebe und Mitleid ist, vergaß darum auch nicht, unter die Werke der Barmherzigkeit das Trösten der Gefangenen zu zählen.

Der Anblick eines Menschen, der mit uns im Mißgeschick Bedauern trägt, tröstet uns. Wie oft ging ich seufzend nach dem Fenster meiner Zelle, um zu schauen, ob ich nicht ein menschliches Gesicht sähe. Ich hielt mich für glücklich, wenn der Wachposten nicht zu dicht an der Wand auf und ab ging, so daß ich ihn sehen konnte, wenn er auf mein Husten emporschaute, und ich in seinen Gesichtszügen eine Spur von Gutmütigkeit zu entdecken glaubte. Dann bemächtigte sich meiner ein süßes Zittern, als sei dieser unbekannte Soldat mein trauter Freund. Entfernte er sich, so harrte ich mit Ungeduld, bis er zurückkam, und kehrte er wieder, so freute ich mich, als hätte er mir einen Liebesdienst erwiesen."

Die Welt Gottes hat andere Vorzeichen als die unsere. Was auf dieser Erde mächtig ist, ist vor IHM ohnmächtig und nichtig. Der wirkliche Erfolg unseres Lebens steht nicht in der Zeitung. ER legt all unser Tun und Handeln auf die Waage der Ewigkeit. Jeder Tag und jede Stunde gilt als Zeit der Prüfung.

Die Rettung aus der Bedrängnis dieser Welt kommt nicht durch die Veränderung dieser Welt, sondern aus dem Widerstand gegen sie. Weil das Böse unausrottbar ist. Zum Kampf für das Reich Gottes aber sind wir alle gerufen. Zum geistigen Kampf, mit den Waffen der Liebe und der Wahrheit.

»Der Gerechte wird voll Zuversicht dastehen vor denen, die ihn bedrängt und seine Mühen verachtet haben.« *(Weish 5, 1)*

Kindsein vor Gott nennt man die Christliche Einfalt. Julius Langbehn, 1851 bis 1907, Kulturkritiker und einer der großen Geister dieses Jahrhunderts, schrieb: „Nach meiner Überzeugung ist Einfalt geradezu das A und O des gesamten christlichen Lebens. Ohne Einfalt scheint mir das ganze geistliche

»Der Weg eines jeden liegt offen vor den Augen des Herrn, er achtet auf alle seine Pfade.«

(Spr 5, 21)

Leben nur eine Komödie zu sein, vielleicht eine höhere, aber jedenfalls keine göttliche Komödie. Glaube, Hoffnung, Liebe kann man zusammenfassen in das Wort: ‚Einfalt'."

Oft schon habe ich mir in meinem Leben die Frage gestellt, wie es wohl wäre, wenn ein Säugling schon volles Bewußtsein hätte. Und was er sagen würde, könnte er sich selber sehen und beschreiben. Ich könnte mir sein Staunen, in Worte gefaßt, so vorstellen: „Was bin ich doch für ein unbedeutendes, armseliges Wesen. Welch schwache Händchen. Welch hilflose Füßchen. Ein recht überflüssiges, hilfsbedürftiges, unbrauchbares Geschöpf."

Und wie denkt die Mutter von ihm? Sie findet in der Schwachheit des kleinen Kindes eine herzenbezwingende Liebenswürdigkeit und unendliche Schönheit. Sie sorgt sich mit Tränen in den Augen, daß niemand diesem Kinde Schaden zufüge. Sie hält es für das Schönste, was es je auf Erden gegeben hat, und für sie ist es das auch ohne Zweifel.

» Seht, wie groß die Liebe ist, die der Vater uns geschenkt hat: Wir heißen Kinder Gottes, und wir sind es. « *(1 Joh 3, 1)*

In Gott ist alles vereint, was je an Liebe in einem Vater-, in einem Mutterherzen lebte. Und wenn ER auf SEINE Menschenkinder blickt, hat ER, wie die Heilige Schrift sagt, „SEINE Lust an ihnen".

Wir lesen nicht, daß ER an den Werken der Natur SEINE Lust habe, wohl aber, daß es SEINE Lust ist, bei den Menschenkindern zu weilen.

ER freut sich nicht sosehr der Werke SEINER Hände als der Werke SEINES Herzens. Und ER liebt diese schwachen, gebrechlichen Werke SEINES Herzens, wie die Mutter das Kind ihres Herzens liebt.

„Ich preise dich, Vater, Herr des Himmels und der Erde, weil du all das den Weisen und Klugen verborgen, den Unmündigen aber offenbart hast. Ja, Vater, so hat es dir gefallen." (Mt 11, 25–26)

Das größte Hindernis auf dem Weg hin zu Gott ist die Welt in mir. Hat meine Seele ihre Spannkraft verloren, fehlt mir eine klare Lebensplanung. Ich huldige dann dem Zeitgeist, der beschränkt bleibt auf den Augenblick und sich nicht auf das Zukünftige hin ausrichtet.

Das Bindungsvermögen des Menschen nach oben hin, das Verhältnis meiner Seele zu ihrem Schöpfer, wird oberflächlich. Offenkundig mein Seichtgang. Fadenscheinig meine Ausreden und Entschuldigungen.

„Wohl denen, die das Recht bewahren und zu jeder Zeit tun, was gerecht ist." (Ps 106, 3)

Die heilige Gertrud bemühte sich eines Tages, möglichst gesammelt zu beten, aber sie vermochte es nicht wegen körperlicher Schwäche. Da sagte sie traurig zu sich selbst: „Welch ein Gewinn kann wohl aus einer solchen Anstrengung erwachsen, der soviel Unbeständigkeit anhaftet!"

Der HERR aber konnte ihre Trauer nicht ertragen. ER zeigte sich ihr. „Siehe, ich zeige den Augen deines Geistes mein Herz, das liebliche Werkzeug der anbetungswürdigsten Dreieinigkeit. Ihm empfiehl vertrauensvoll alles, was du aus dir selbst nicht recht zu erfüllen vermagst, damit es für dich Ersatz leiste. Und so wird all dein Menschenwerk vor meinen Augen höchst vollkommen erscheinen."

Karge Zeiten meiner Seele. Wer erlebt sie nicht? Wo alles ausgebrannt scheint in meinem Ofen. Der Schmelztiegel erkaltet. Nicht mehr fähig, das Augenblick-Geschehen – welcher Art auch immer – zu verarbeiten. Ob Eindrücke, Ereignisse oder Schlappen, Fußtritte und Niederlagen. Ob im zähen Kampf mit dem eigenen Charakter und den Leidenschaften. Schwer ist es, sie in Form zu gießen, Bauelemente für christliche Lebensweise daraus zu gestalten.

Fehlt das innere Feuer, dann bleibt von all dem Streunenden, Umherziehenden in mir bloß eine zähe, klebrige Masse zurück, die zur Belastung wird und jeden Fortschritt hemmt.

In diesen Tiefzeiten, in den Perioden des Kälteeinbruches, öffnen sich dennoch schmale Pfade des Herzens für Gottes Einlaß.

Jeder Tag unseres Lebens ist ein Stück Weges zu Gott hin. Der HERR nimmt uns in SEINEN Dienst mit allem, was wir wirken und tun. Unsere berufliche Arbeit ist nicht einfachhin Notdurft des Lebens. Sie ist Berufung Gottes und Auftrag für uns.

» Tut eure Arbeit gern, als wäre sie für den Herrn und nicht für Menschen. « (Kol 3, 23)

Die begnadete Seherin von Lourdes, Bernadette Soubirous, verstand es, auch im Schatten Gott treu zu sein. Nach dem Eintritt ins Kloster, kurz nachdem sie das Gelübde abgelegt hatte, wurde ihr eine der schwersten Demütigungen zuteil.

Alle Schwestern des Hauses hatten im Mutterhaus die heiligen Exerzitien gemacht. Auch viele Schwestern von auswärts waren gekommen. Im großen Kapitelsaal versammelt, wies der Bischof den neuen Schwestern ihre Stellung und Beschäftigung zu.

Schon hatten alle ihre Bestimmung erhalten. Nur Bernadette nicht. Von Kindheit an schwach und kränklich, konnte sie nie viel lernen. So wartete sie noch auf ihre Dienstzuweisung.

„Und wohin soll Schwester Maria Bernarda kommen?" fragte der Bischof. Betretenes Schweigen. „Hochwürdigster Herr", antwortete schließlich die Generaloberin – die sich schon vorher mit dem Bischof verständigt hatte –, „wir sind in Verlegenheit. Sie taugt zu nichts."

„Was sollen wir dann mit ihr machen?"

„Wenn Sie gestatten, wollen wir versuchen, sie im Krankenzimmer zu verwenden. Sie kann der Krankenwärterin an die Hand gehen. Das ist alles, was sie kann."

Der hochwürdigste Herr hieß den Vorschlag gut und gab der jungen Schwester seinen Segen. Die ging mit gewohnter Freundlichkeit an die neue Arbeit.

Wohl tat es ihr sehr weh – wie sie später einmal gestand –, daß sie „zu nichts gut sei", aber sie fand es natürlich. Sie wußte, daß für treue Kinder der Mutter Gottes der Weg durchs Leben ein Weg des Opfers sein muß.

Sie blieb in diesem stillen, bescheidenen Wirkungskreis, bis sie selbst aufs Krankenlager sank und ihr junges Leben am Kreuz vollendete.

»Aufgrund der Gnade, die mir gegeben ist, sage ich einem jeden von euch: Strebt nicht über das hinaus, was euch zukommt, sondern strebt danach, besonnen zu sein, jeder nach dem Maß des Glaubens, das Gott ihm zugeteilt hat.« (Röm 12, 3)

Der Stärkste unter den starken Männern Oberbayerns wurde kürzlich ermittelt. Es gelang einem Münchner, einen Bus mit 15 Insassen 15 Meter weit zu ziehen.

»Als Jesus die vielen Menschen sah, stieg er auf einen Berg. Er setzte sich, und seine Jünger traten zu ihm. Dann begann er zu reden und lehrte sie. Er sagte:

Selig, die arm sind vor Gott; denn ihnen gehört das Himmelreich.

Selig die Trauernden; denn sie werden getröstet werden.

Selig, die keine Gewalt anwenden; denn sie werden das Land erben.

Selig, die hungern und dürsten nach der Gerechtigkeit; denn sie werden satt werden.

Selig die Barmherzigen; denn sie werden Erbarmen finden.

Selig, die ein reines Herz haben; denn sie werden Gott schauen.

Selig, die Frieden stiften; denn sie werden Söhne Gottes genannt werden.

Selig, die um der Gerechtigkeit willen verfolgt werden; denn ihnen gehört das Himmelreich.

Selig seid ihr, wenn ihr um meinetwillen beschimpft und verfolgt und auf alle mögliche Weise verleumdet werdet. Freut euch und jubelt: Euer Lohn im Himmel wird groß sein. Denn so wurden schon vor euch die Propheten verfolgt.“ (Mt 5, 1–12)

In den acht Seligkeiten wird uns klar gezeigt, daß wir nicht „Gott und dem Mammon“ dienen können. Daß Gott Feinde hat. Und daß zwischen dem rein Menschlichen und dem Geist Gottes ein Widerspruch besteht. Denn das Streben nach Reichtum geht weiter. Täglich flattern uns sensationelle Berichte herein.

Seit die Inkas im Jahre 1530 einen Teil ihrer Schätze vor den spanischen Eroberern versteckten, beschäftigten diese die Phantasie von Abenteurern. Jetzt will ein Mann namens Oswaldo Garces, gesponsert von zwei Dutzend amerikanischen Firmen, mit Hochtechnologie das Inka-Gold finden.

Die organisierte Jagd nach dem Goldschatz beginnt so wieder aufs neue.

Tonnen von goldenen Statuen, Masken, Diamanten und Smaragden werden in einer Höhle im zentralen Bergland Ecuadors vermutet. 50 Jahre lang hat der Deutsche Eugen Brunner danach gesucht. Viele Hinweise hat er gefunden, nicht aber den Schatz selbst. Seine Aufzeichnungen gerieten 1984 in die Hände des Ecuadorianers Garces.

Dessen Team verstand nun, die geheimen Zeichen und Symbole, die Brunner erwähnt und nach denen er ein Menschenleben lang gesucht hatte, zu deuten.

Jetzt will man mit modernsten Spürgeräten, wie Laser und Infrarot-Scannern, die Goldhöhle aufspüren.

Das Wort „Bergpredigt" stammt vom heiligen Augustinus, der in ihr „die vollkommene Gestalt eines Christenlebens" erblickte. Diesen Stellenwert hat die Bergpredigt bis heute beibehalten. Sie gilt ganz allgemein als „die Ethik Jesu" schlechthin und ihre tatkräftige Verwirklichung als der Gipfel christlicher Lebenspraxis. Sie wurde zum Prüfstein und zur Herausforderung in einem.

In der christlichen Frühzeit – etwa bis Augustinus – galten die Weisungen der Bergpredigt für alle wahren Christen als verbindlich. Daß sie den vorherrschenden Normen nicht entsprachen, wurde in Kauf genommen. Stand ja das gesamte Christentum mit den heidnischen Lebensnormen im Widerspruch.

Mit der „Bekehrung" der abendländischen Völker zum Christentum wurden für die „Durchschnittschristen" vor allem die Zehn Gebote verbindlich gemacht. Die Bergpredigt aber blieb dem „Stand der Vollkommenen" – den Mönchen – vorbehalten.

» Wißt ihr nicht, daß die Läufer im Stadion zwar alle laufen, aber daß nur einer den Siegespreis gewinnt? Lauft so, daß ihr ihn gewinnt. Jeder Wettkämpfer lebt aber völlig enthaltsam; jene tun dies, um einen vergänglichen, wir aber, um einen unver-

gänglichen Siegeskranz zu gewinnen. Darum laufe ich nicht wie einer, der ziellos läuft, und kämpfe mit der Faust nicht wie einer, der in die Luft schlägt, vielmehr züchtige und unterwerfe ich meinen Leib, damit ich nicht anderen predige und selbst verworfen werde. “ (1 Kor 9, 24–27)

Die berechtigte Frage nach einem Leben im Sinne der Bergpredigt bleibt ein permanenter Unruhefaktor in der Geschichte des Christentums. Was sicherlich kein Zufall ist, geht es doch dabei um eine radikale Verwirklichung des Evangeliums in der Nachfolge Christi.

Die innere Kraft aber, die durch ein Leben im Sinne der Bergpredigt im Menschen frei wird, zeigen uns am deutlichsten der Poverello von Assisi, der heilige Franziskus, und die von ihm ausgehende franziskanische Armutsbewegung.

Die franziskanische Lebensform ist nicht zu verstehen, ohne den dahinterliegenden gesellschaftlichen Wandel zu berücksichtigen. Dazu zählen die beständige Landflucht; die zunehmende Verstädterung; der Übergang von der Tausch- zur Geldwirtschaft; die Veränderung im sozialen Machtgefüge.

Nicht zu übersehen ist auch der unermeßliche Reichtum in den Händen ganz weniger, während die Mehrheit der Bevölkerung in bitterer Armut, ja im Elend lebt.

In dieser Situation wird vor allem unter den reich gewordenen Tuchhändlern nach einem neuen Ausdruck des Glaubens gesucht.

Man entdeckt ihn in der Lebensweise Jesu und der ersten Jünger: Verzicht auf Eigentum und Besitz. Solidarität mit den Armen. Weltzuwendung, um das Reich Gottes zu verkünden. Alles umfassende Geschwisterlichkeit ohne Herrschaft.

Das Ganze auf eine Kurzformel gebracht lautet: „Nach der Weise des Evangeliums leben."

Gerade in der Gegenwart hat die Bergpredigt nichts von ihrer Faszination verloren. Sie strahlt aus auf die Psychologie, auf Probleme des persönlichen und sozialen Verhaltens und greift nicht zuletzt auf die Friedensbewegung über.

» *In eurem Herzen herrsche der Friede Christi; dazu seid ihr berufen als Glieder des einen Leibes.* **«** *(Kol 3, 15)*

Friede allein schenkt Glück. Als Christen haben wir den Auftrag, dies anzustreben. Alles, was dem entgegenwirkt, gleicht Gift, das sich langsam im Körper ausbreitet, alles durchdringt, ja letztlich zum Tode führen kann.

Selig, die arm sind vor Gott. Ihnen wird das Reich des Himmels zugesichert. – Die Hoffnung des Glaubenden. Sie gipfelt in der Vollendung, im Sein bei Gott. In der Teilnahme am Leben des dreifaltigen Gottes.

In der Schau Gottes wird es uns auf ganz unsagbare Weise gestattet sein, den Vater, den Sohn und den Heiligen Geist mit dem durch das Glorienlicht geschärften Auge des Geistes zu betrachten, die Ausgänge der göttlichen Personen durch alle Ewigkeit hindurch aus nächster Nähe mitzuerleben. Und ein Glück zu verkosten, jenem ähnlich, wodurch die allerheiligste und ungeteilte Dreifaltigkeit selig ist.

Diese Teilnahme am innergöttlichen Leben ist eine Gabe, die nur im Geist durch den Sohn gegeben sein kann. So ist sie Geschenk und Gabe aus der Freiheit des Vaters, der durch die Hingabe seines Sohnes Versöhnung stiftete und den Glaubenden den Geist sendet.

»Denn das Reich Gottes ist nicht Essen und Trinken, es ist Gerechtigkeit, Friede und Freude im Heiligen Geist.« *(Röm 14, 17)*

Das Gleichnis vom Sauerteig versinnbildlicht treffend das Wesen und Wirken der heiligmachenden Gnade. Wie nämlich der Sauerteig das Mehl ganz durchdringt, es umwandelt, ihm Wohlgeschmack verleiht, so soll es auch mit dem Wirken der heiligmachenden Gnade sein.

»Mit dem Himmelreich ist es wie mit dem Sauerteig, den eine Frau unter einen großen Trog Mehl mischte, bis das Ganze durchsäuert war.« *(Mt 13, 33)*

Gottes Gnade soll unser ganzes Herz durchdringen, es umgestalten und wohlgefällig machen in Gottes Augen. Sie soll unserem ganzen Denken, Wollen, Streben und Handeln gleichsam den himmlischen Geschmack, die übernatürliche Weihe verleihen.

Es ist auffallend, daß gerade die anmutigsten Schmetterlinge meist nicht von den schönsten Raupen kommen. Manche von ihnen sind im Gegenteil unscheinbar, mißfarbig, rauh und borstig.

Aus den schönen, glatten Raupen aber werden oft wenig schöne Schmetterlinge. So entstehen die Abend- und Nachtfalter mit ihrem plumpen Leib und den grauen Flügeln meist aus glatten, großen Raupen mit Kopfschmuck und Schwanzhörnlein, mit schönen weißen und roten Tupfen am glänzenden Leib.

Die Gnade Gottes, ein großes Geschenk. Für das Glorienlicht im Himmel müssen wir vorerst einmal bereit werden. Alles, was sich so in unserer Lebensgeschichte vollzieht, geht mit ein in unsere Verherrlichung. Insofern ist auch von Verdienst zu reden.

Dem Menschen wird bewußt werden, was er in diesem Leben an Hingabe hat fehlen lassen. Schmerzlich geht ihm sein Versagen auf. Und er erkennt, daß er einer Läuterung bedarf. In diesem Vorgang ist das Gebet von Glaubenden hilfreich. Wir sprechen von den armen Seelen im Fegefeuer.

»Angesichts des Erbarmens Gottes ermahne ich euch, meine Brüder, euch selbst als lebendiges und heiliges Opfer darzubringen, das Gott gefällt; das ist für euch der wahre und angemessene Gottesdienst. Gleicht euch nicht dieser Welt an, sondern wandelt euch und erneuert euer Denken, damit ihr prüfen und erkennen könnt, was der Wille Gottes ist: was ihm gefällt, was gut und vollkommen ist.«

(Röm 12, 1–2)

Der Glaubende hat diese Vollendung während seines irdischen Lebens vor sich. Er nimmt im Glauben aber schon hier am göttlichen Leben teil, da er im Geist betet und sich selbst als lebendiges und heiliges Opfer, das Gott gefällt, darbringt. Indem er sein ganzes Leben auf den Willen Gottes hin auszurichten sucht.

In solchem Leben ist er schon hineingenommen in die Hingabe Christi und in die Liebe des Geistes.

„Der Sonnenstrahl", sagt der Kirchenlehrer Ambrosius, „gießt ein Licht über die ganze Erde aus. Er dringt durch die verschlossenen Räume ein. Läßt sich selbst durch eiserne Riegel und schwere Türbalken nicht daran hindern.

Wie sollte da Gottes unsichtbarer Lichtglanz sich nicht den Weg bahnen können in des Menschen Herz und Sinn, die er selbst erschaffen hat!"

In alten Gefängnissen war an jeder Zellentür ein rundes Guckloch angebracht. Dieses Guckloch nannten die Gefangenen „Judas", weil es dem Aufsichtsbeamten jederzeit das Tun und Treiben des Zelleninsassen verriet.

Von dieser strengen Überwachung schrieb ein Gefangener nach seiner Entlassung: „Das Auge des Gesetzes habe ich jetzt los. Ich werde aber – das habe ich beim Verlassen der Zelle gelobt – mein ferneres Leben im Gedanken an Gottes allwissendes Auge führen!"

Zu dieser Überzeugung müßte man eigentlich mit Gottes Hilfe auch ohne die traurige Erfahrung eines Gefangenen gelangen.

»Wende doch, Herr, unser Geschick, wie du versiegte Bäche wieder füllst im Südland.« (Ps 126, 4)

Selig sind die Trauernden. Ihnen wird Trost zuteil werden. – Auch in der Medizin spricht man von einer notwendigen Trauerarbeit.

Die Psychiatrie hat uns gelehrt, daß Trauer über einen schweren Verlust in Phasen verläuft, also einer Gesetzmäßigkeit folgt. Trauer zeigt immer Verlust an, der sehr schwer sein kann. Gewiß ist dies der Fall beim Tod eines Kindes, der Mutter oder des Ehepartners, aber auch das nicht bestandene Examen kann schmerzhaft sein. Der Verlust einer idealen Stellung, einer Freundschaft, materieller Werte und von manch anderem.

Wenn der Verlust wirklich schwerwiegend ist, so ist die erste Reaktion im allgemeinen die der Ratlosigkeit. Man ist wie betäubt. Man weiß nicht aus noch ein. Man empfindet vielleicht nicht einmal Schmerz. Man ist einfach nur ratlos.

Die zweite Phase ist die der Auflehnung. Man schreit. Man weint. Man klagt an: „Warum muß mir das passieren? Warum hat Gott das zugelassen?"

Darauf folgt die Phase der Resignation: Man gibt auf. „Es ist alles aus. Das Leben hat keinen Sinn mehr."

Manche Menschen bleiben in dieser Trauerphase stecken. Es gelingt ihnen für lange Jahre oder gar für den Rest des Lebens nicht mehr, der Anklage, der Verzweiflung, der Resignation zu entkommen. Sie beginnen so, die körperliche und seelische Gesundheit langsam zu zerstören.

Aber wie kann ich diese Kräfte für eine positive Entwicklung nutzbar machen? Ein erster Schritt ist es, der inneren Spannung, die der Verlust mit all seinen Folgen in mir erzeugt, nicht auszuweichen, sondern sie anzunehmen. Sie zu ertragen. Sich ihr zuzuwenden. „Ja, ich habe dies oder jenes verloren. Von jetzt an lebe ich ohne das Verlorene. Ich will den Willen Gottes erfüllen. ER ist mein Vater. Ich bin SEIN Kind."

Die vierte Phase der Trauer: „Ich akzeptiere es ganz und gar. Ich nehme es an, daß ich dies oder das verloren habe. Ich sehe darin meinen neuen Weg für die Zukunft, den mir Gott vorzeichnet. Ich stelle mich den Anfechtungen, die dadurch auf mich zukommen können. Ich ertrage die Anspannung, die daraus erwächst."

» *Aber Gott, der die Niedergeschlagenen aufrichtet, hat auch uns aufgerichtet.* « *(2 Kor 7, 6)*

Über dem Eingangstor zum allgemeinen Friedhof in Rom befinden sich vier lebensgroße Figuren. Die eine Gestalt sitzt auf einem Stuhl, ganz dem Schmerz hingegeben. Die Treue. – Die zweite Gestalt streckt die Hände zum Himmel, als wolle sie mit dem Herrn über Leben und Tod um das Heil der Heimgegangenen ringen. Das Gebet. – Die dritte hält eine Opferschale gen Himmel. Das Opfer für die Toten. – Die vierte hat den Saum ihres Gewandes über den Mund gezogen. Das Schweigen.

Darin sieht man eine eindrucksvolle Mahnung an unsere Pflichten gegenüber den Toten. Erstens Treue im Gedenken, im Eins-Sein mit allen Verstorbenen, insbesonders gegenüber unseren Angehörigen, Freunden und Bekannten. – Zweitens im Gebet mit ihnen vereint sein. – Drittens vor allem ein Gedenken im heiligen

Meßopfer. – Viertens das Schweigen der Trauer, der Milde und der Liebe.

Wer es versteht, in seiner Seele die notwendige Trauerarbeit sinnvoll zu verrichten, wer die vier Phasen als den natürlichen Weg des inneren Werdens akzeptiert: die Ratlosigkeit, die Auflehnung, die Resignation und die Annahme, der geht einem Reifeprozeß entgegen. Erlebt, wie in seinem Innern der Wille und die Kraft entstehen, das Leben neu zu gestalten. Beginnt seine Gedanken und Kräfte auf das Leben ohne das Verlorene zu richten. Das ist die fünfte Phase, der Neubeginn.

Die in der Anfechtung enthaltenen Kräfte werden nach und nach umgelenkt von zerstörerischen in aufbauende Bahnen. Der Mensch wird innerlich reifer. „Er wächst über sich selbst hinaus", sagen wir und drücken damit aus: Er zeigt Kräfte und Fähigkeiten, die zuvor gar nicht erkennbar oder vorhanden waren.

»Du hast mich aus meiner bitteren Not gerettet, du hast mich vor dem tödlichen Abgrund bewahrt; denn alle meine Sünden warfst du hinter deinen Rücken.« *(Jes 38, 17)*

Es gibt noch wunderbare Wege der Hoffnung. In der Ermattung deiner Seele bitte Gott um ein Zeichen der Ermutigung.

Zu den bedeutendsten amerikanischen Präsidenten zählt Abraham Lincoln, geboren am 12. Februar 1809, ermordet am 15. April 1865. Er war eine der volkstümlichsten Gestalten der amerikanischen Geschichte.

Lincoln trat für eine gemäßigte Sklavenbefreiung ein. Seine Wahl zum Präsidenten der Vereinigten Staaten löste den Sezessionskrieg aus, dessen tiefere Ursachen in den wirtschaftsgeographischen und sozialen Gegensätzen zwischen den Nord- und den Südstaaten lagen. Denn daraufhin erfolgte der Austritt – die Sezession – von elf Südstaaten aus der Union.

Der erbittert geführte Bürgerkrieg endete mit der Niederlage der Südstaaten. Die Sklaverei wurde im gesamten Unionsgebiet aufgehoben, die Schwarzen erhielten Stimm- und Bürgerrechte. Wirkliche Rassenintegration ist aber auch heute noch nicht erreicht.

Abraham Lincoln war ein Mann, der die Depression überwand. Stammt aus den ärmlichen Verhältnissen einer Grenzerfamilie. Sein Vater ist Waldarbeiter und Kleinfarmer. Für seine Kinder zeigt er wenig Verständnis. Die ganze Liebe des kleinen Abraham gehört der Mutter, die ihm, da er nur sechs Monate zur Schule ging, das Schreiben beibringt.

Bald stirbt die geliebte Mutter. Zur Stiefmutter findet er rasch ein gutes Verhältnis, während die Beziehung zu seinem Vater weiterhin gespannt bleibt.

Lincoln hat Schwierigkeiten, Liebesbeziehungen zu anderen Frauen anzuknüpfen. Als er endlich heiratet, doch seine Frau nach wenigen Monaten stirbt, überfällt ihn die erste schwere Depression.

Er wird Rechtsanwalt, lernt erneut ein Mädchen kennen. Am Tag der Hochzeit wartet man verzweifelt auf den Bräutigam. Der befindet sich im tiefen Elend einer neuen depressiven Phase, die zehn Monate andauern sollte.

Seine Ehe verläuft zunächst glücklich. Mit dem Tod seines dritten Sohnes, den er besonders liebte, bricht jedoch neuerlich eine Depression über ihn herein.

Diese Depression aber führt überraschend zu einem heilsamen Persönlichkeitswandel. Lincoln überwindet seinen Vaterhaß, vermag die Liebe zu seinen Müttern in soziale Gesinnung umzuwandeln und findet durch einen lebendigen Glauben innerlich Ruhe.

» *Amen, amen, ich sage euch: Ihr werdet weinen und klagen, aber die Welt wird sich freuen; ihr werdet bekümmert sein, aber euer Kummer wird sich in Freude verwandeln.* « *(Joh 16, 20)*

Falsche Erwartungen können in uns Probleme aufwerfen, die zur geistigen Überwindung herausfordern. Man darf nicht davon ausgehen, daß Gegenliebe vorprogrammiert werden könnte. Daß Eltern jenes reiche Maß an Liebe, das sie ihren Kindern geschenkt haben, später mit Sicherheit zurückbekommen.

Eine Mutter hat ihren Sohn sehr geliebt. Jetzt geht dieser eine Heirat ein. Die Mutter kann nun nicht erwarten, daß sie im Leben ihres Sohnes weiterhin die erste Rolle spielt.

Wer sich selbständig macht, kann nicht erwarten, daß ihn jedermann schont und schützt oder ihm gar hilft. Er muß vielmehr mit Konkurrenzkampf, Neid und Mißgunst rechnen. Man muß vorher gelernt haben zu kämpfen, um später nicht entmutigt zu werden und der Depression zu verfallen, wo Traurigkeit zur Krankheit wird.

Politiker, Parteistrategen, Idealisten und nicht zuletzt Kämpfer für das Reich Christi müssen der Wirklichkeit offen entgegentreten.

»Als mir der Atem schwand, dachte ich an den Herrn, und mein Gebet drang zu dir, zu deinem heiligen Tempel.« *(Jona 2, 8)*

Das Problem der Schuld und der Schuldgefühle. Es gibt falsche Schuld, die man glaubt auf sich geladen zu haben.

Das beginnt schon bei unserem Pflichtenkreis. Nicht alles, was auf uns zukommt, unbedingt selbst erledigen wollen! Auf verantwortlichem Posten muß man abtreten und delegieren können, auch nach einer genauen Zeiteinteilung vorgehen. Nicht Zusagen voreilig abgeben, die man dann nicht einhalten kann, so daß man Schuld auf sich lädt.

Weniger versprechen und mehr halten ist besser als viel versprechen und nicht alles halten.

»Der Weg des Unehrlichen ist gewunden, aber das Tun des Lauteren ist gerade.« *(Spr 21, 8)*

Ein bekanntes Beispiel sei hier angeführt. Unerwartet rasch stirbt einem Mann seine Frau, die erst Anfang Vierzig war. Seine verheiratete Tochter nimmt ihn zu sich ins Haus.

In diesem Fall kann der Vater nicht erwarten, daß seine Tochter von nun an ganz für ihn da ist. Sie hat in erster Linie die eigene Familie zu versorgen.

Glaubt die Tochter, eine solche Erwartung erfüllen zu müssen, so tut sie nicht recht. Und sie ladet ein falsches Schuldgefühl auf sich.

Krankhafte Traurigkeit muß an der Wurzel gepackt werden. In der Tat ergibt sich der konkrete Fall: Wird einem etwas zugewiesen und man verwirklicht es nicht, kann sich leicht dieser Verfehlung wegen eine Depression entwickeln. Angelius Silesius sagt: „Vor jedem steht ein Bild dessen, das er werden soll. Solange er dies nicht ist, wird nicht sein Friede voll."

Traurigkeit ist oftmals die Vorstufe zur Mutlosigkeit. Diese wieder wird zum Henker der Lebensfreude, die aber Voraussetzung ist für ein gottgefälliges, christliches Leben.

Ein Wort der Kleinen heiligen Theresia ist hier recht am Platze: „Was mich betrifft, so versuche ich, nie wegen eines Fehlers mutlos zu werden.

Habe ich einen Fehler begangen, der mich traurig stimmt, so weiß ich wohl, daß diese Traurigkeit die Folge meiner Untreue ist. Aber ich halte mich dabei nicht auf. Ich sage vielmehr sofort zum lieben Gott: Mein Gott, ich weiß, daß ich dieses Gefühl der Traurigkeit verdient habe. Laß es mir DIR aber trotzdem aufopfern, als wäre es eine von DEINER Liebe verhängte Prüfung. Ich bereue, was ich tat, freue mich aber, DIR dieses Leiden aufopfern zu können!"

„Meine Seele klebt am Boden. Durch dein Wort belebe mich! Ich habe dir mein Geschick erzählt, und du erhörtest mich. Lehre mich deine Gesetze."

(Ps 119, 25–26)

Selig, die keine Gewalt anwenden. – Wir Christen leben als Weltbürger nicht außerhalb der gesellschaftlich-gewalttätigen Strukturen. Es ist aber unsere heilige Pflicht, in unserem Umkreis beispielhaft zur Welt hin die Spirale der Gewalt zu durchbrechen.

Wir haben trotz all unserer eigenen Fehler, Schwächen und Sünden entschlossen und mit Vertrauen Schritte auf dem Weg des Friedens zu setzen, wozu Gott uns die Kraft verleiht.

»Durch die barmherzige Liebe unseres Gottes wird uns besuchen das aufstrahlende Licht aus der Höhe, um allen zu leuchten, die in Finsternis sitzen und im Schatten des Todes, und unsre Schritte zu lenken auf den Weg des Friedens.« (Lk 1, 78–79)

„Gewalt" und „Friede" fordern einander heraus. Sie sind Gegensätze, können nicht miteinander leben. Zwischen ihnen steht ein Wort, das „Verzicht" heißt. Deswegen ist es schwer, über Frieden zu sprechen, und noch schwerer, ihn zu tun.

Man kann den Frieden nicht machen, man muß ihn leben.

Ein guter Wille vermag vieles: Den bösen Gewalten widerstehen und sie auch bezwingen. Aus innerster Überzeugung heraus gegen den Krieg sein. – Kriege haben stets Vernichtung gebracht. Aber immer ist noch jemand dagewesen, um nachher zu weinen, zu klagen, die Toten zu bestatten und wieder neu anzufangen über Trümmern, Schutt und Rauch.

Wenn ich heute auf mein Leben zurückblicke, kann ich die göttliche Vorsehung nur preisen und ihr danken. Wie durch ein Wunder habe ich – und jetzt, in meinem Alter von 75 Jahren, wird es mir erst so recht klar – nie eine Waffe in der Hand gehabt. Habe hingegen mit meinen Händen anderer Menschen Not lindern und ihre Wunden heilen können.

Bis zum letzten Atemzug will ich bitten und beten, daß das Morden aufhört. Gewalt hat viele Gesichter. Manche sind maskiert, manche gut frisiert. Wir müssen sie aber entlarven. Ihnen mit Entschlossenheit in die kalten Augen schauen.

Las ich doch vor kurzem einen älteren Bericht, der leider immer noch zeitgemäß ist: „Waffen für die Dritte Welt. 1981 wurden weltweit mehr als 650 Milliarden Dollar für Rüstung ausgegeben, drei Viertel aller Waffenkäufe aber von der Dritten Welt geordert. Indien will 50 bis 150 Kampfflugzeuge vom Typ Mirage kaufen. Das wären zwischen vier und sieben Milliarden Mark. Im Jahr 1981 erhielt Indien aus der ganzen Welt Entwicklungshilfe für 3,5 Milliarden Mark, darunter 400 Millionen aus der Bundesrepublik. – Ein Abgeordneter des Deutschen Bundestages sagte damals: Frau Gandhi kann nicht auf der Welternährungskonferenz über mangelnde Entwicklungshilfe klagen und anschließend über Paris nach Hause fliegen, um noch ein ‚paar Mirage' zu bestellen." – Frau Gandhi ist schon tot, die Waffen aber sind geblieben. Und das Problem „Gewalt" darf nicht zu den alten Akten gelegt werden. – Der Krieg im ehemaligen Jugoslawien gilt als abschreckendes Beispiel. Krieg ist und bleibt ein Monstrum, eine Greueltat.

Wenn die Welt eine Revolution, einen Krieg braucht, dann kann es nur die Revolution der Liebe sein. Die Revolution des Evangeliums. Fortschritt und Wohlstand allein sind nicht fähig, jegliche Not – vor allem seelische Not – wegzuschaffen. Den Verlassenen Halt zu geben. Den Vereinsamten Wärme zu bieten. Den Enttäuschten Hoffnung einzuflößen. Den Desorientierten den rechten Weg zu zeigen. Den Verzweifelten Erlösung zu bereiten.

»Deine Augen sollen geradeaus schauen, und deine Blicke richte nach vorn! Ebne die Straße für deinen Fuß, und alle deine Wege seien geordnet. Bieg nicht ab, weder rechts noch links, halt deinen Fuß vom Bösen zurück!« *(Spr 4, 25–27)*

Selig, die hungern und dürsten nach der Gerechtigkeit. Was wir als Menschen mit der Gerechtigkeit zu erreichen suchen, gelingt uns nie ganz. Mit der Liebe aber vermögen wir es.

Es wäre Utopie, zu erwarten, daß die Menschen vollkommen gerecht sein werden. In den menschlichen Beziehungen bedingungslos Gerechtigkeitsansprüche zu stellen, belastet mehr, als daß es helfen kann.

Die Liebe aber wegen der Gerechtigkeitsansprüche aufzugeben, ist Verrat an der Gerechtigkeit selbst.

»Ihr habt gehört, daß gesagt worden ist: Auge für Auge und Zahn für Zahn. Ich aber sage euch: Leistet dem, der euch etwas Böses antut, keinen Widerstand, sondern wenn dich einer auf die rechte Wange

schlägt, dann halt ihm auch die andere hin. Und wenn einer dich vor Gericht bringen will, um dir das Hemd wegzunehmen, dann laß ihm auch den Mantel. Und wenn dich einer zwingen will, eine Meile mit ihm zu gehen, dann geh zwei mit ihm. Wer dich bittet, dem gib, und wer von dir borgen will, den weise nicht ab. ‹‹ (Mt 5, 38–42)

Drei Wanderburschen zogen übers Land. Spät am Abend kamen sie vor ein Häuschen. Dort ließ man sie in einem kleinen Zimmer übernachten. Es war aber Winter und kalt in der ungeheizten Stube. Zu allem Überdruß stellte sich auch noch heraus, daß nur ein Bett da war für alle drei und nur eine einzige Decke.

Sie legten sich zu dritt ins Bett und zogen die Decke über sich. Gar bald aber entstand zwischen zweien ein Streit, weil die Decke für die drei nicht reichte. „Ich bin der Stärkere“, rief der zur Rechten und riß die Decke an sich. „Und ich hab' sie nötiger als du“, schrie der zur Linken und zog die Decke mit aller Kraft zu sich herüber.

So ging das hin und her, und die Decke krachte schon bedenklich zwischen ihren Händen. Da sagte der, der in ihrer Mitte lag: „Mir scheint, die Decke geht über eurem Streit entzwei, und dann hat niemand etwas davon. Wie wäre es, wenn wir alle drei noch etwas mehr zusammenrückten und jedem seinen Teil ließen. Wir können ja nach einiger Zeit die Plätze wechseln, daß jeder es so gut hat, als es eben geht.“

So machten sie es. Die Decke wurde nicht mehr hin- und hergerissen. Und die ganze Nacht lang war Friede zwischen den „Parteien“.

Die Erde trägt Disteln und Dornen. Jeder Fortschritt bedeutet zugleich Verlust, deutlich geworden in unserer technischen Entwicklung. Es bleibt bei allem die Frage nach dem letzten Sinn.

Gott ist die Lösung aller Fragen. ER aber ist ein Gott der Gerechtigkeit. ER fordert uns ganz. Unser Denken und unser Tun.

Gute und schlechte Zeiten lösen einander ab. Nur EINER ist standhaft und unwandelbar, bleibt sich selber treu.

Die Welt lebt aus der Spannung zwischen den vielen Meinungen. Als Christen haben wir nur einen Weg, Christus selbst. ER aber fordert heraus.

»Wascht euch, reinigt euch! Laßt ab von eurem üblen Treiben! Hört auf, vor meinen Augen Böses zu tun! Lernt, Gutes zu tun! Sorgt für das Recht! Helft den Unterdrückten! Verschafft den Waisen Recht, tretet ein für die Witwen!« *(Jes 1, 16–17)*

Naturbetrachtung lockert unser Denken auf. Macht es durchsichtiger und vor allem einsichtiger.

Wie verschieden sind doch Ursprung und Lauf der Bäche, Flüsse und Ströme, die auf der Landkarte verzeichnet stehen. – Da ist der Rhein, der hoch in den Bergen entspringt. – Dort ist die Donau, die ein Kind der Ebene ist. – Da ist der Amazonasstrom, der seine Quellen in den unzugänglichen Gebieten der Anden hat. – Dort der Nil, der einen halben Erdteil durchquert und Ägypten mit Wasser versorgt.

Man könnte endlos fortfahren und von jedem Fluß wieder anderes erzählen. Trotz aller Verschiedenheit sind sie sich in einem völlig gleich: Alle münden ins große, unermeßliche Meer, das rings den Erdball umgibt. Aus ihm haben sie ihr Wasser empfangen, und empfangen es immer neu.

Zu ihm kehren sie wieder zurück. Und gehen auf im Ozean, der ihnen das Dasein gab und erhält.

Genauso ist es mit der Menschheit und ihren ungezählten Völkern und Rassen. So viele ihrer auch sind, so weit sie sich auch verzweigt haben, alle kehren sie wieder zu dem zurück, der sie ins Dasein setzte: zu Gott.

Die Einheit in der Vielfalt veranlaßt uns, nicht ungerecht zu urteilen, sondern nach bestimmten persönlichen Gesichtspunkten Wert und Un-Wert richtig einzuschätzen.

„Ich bin ein Riese gegen euch", sagte der Felsblock zu den Kieselsteinen. „Und du bist ein Zwerg gegen uns", sagten die Berge zu dem Felsen. Da sprach die Mutter Erde lächelnd: „Aber meine Kinder seid ihr alle miteinander!"

Selig die Barmherzigen. Erbarmen werden sie finden. – Unser Lebensweg führt unweigerlich durch viele leibliche und geistige Notsituationen. Dabei ist der Mensch auf Hilfe, Erbarmen und Barmherzigkeit angewiesen.

Ein wundervolles Sinnbild von Gottes unendlichem Erbarmen ist das Bild vom „Gnadenstuhl", im Mittelalter sehr beliebt und oft dargestellt. Es zeigt Gott Vater, der mit der Gebärde unendlicher Güte der Welt SEINEN eingeborenen Sohn am Kreuze entgegenhält. Darüber der Geist der Liebe, Urquell des Erbarmens und der Sündenvergebung.

Das Bußsakrament schenkt uns das große Erlebnis der Barmherzigkeit. Die Krankensalbung ist die sakramentale Hilfe auf dem Weiten-Weg.

»Ist einer von euch bedrückt? Dann soll er beten. Ist einer fröhlich? Dann soll er ein Loblied singen.

Ist einer von euch krank? Dann rufe er die Ältesten der Gemeinde zu sich; sie sollen Gebete über ihn sprechen und ihn im Namen des Herrn mit Öl salben.

Das gläubige Gebet wird den Kranken retten, und der Herr wird ihn aufrichten; wenn er Sünden begangen hat, werden sie ihm vergeben. Darum bekennt einander eure Sünden, und betet füreinander, damit ihr geheilt werdet. Viel vermag das inständige Gebet eines Gerechten.« (Jk 5, 13–16)

Es ist eine Tatsache, daß der Mensch das Angebot der Hilfe Gottes ablehnen, verpassen kann.

Der heilige Augustinus tut ohne Scheu sein Innerstes kund, wenn er bekennt: „Ich zittere, wenn der Herr an mir vorüberzieht!"

Sehr eindringlich und an mehreren Stellen warnt die Heilige Schrift, das Heil mit Angst und Zittern zu bewirken – denn Gott läßt SEINER nicht spotten. – Mit Sicherheit und Selbstverständlichkeit spricht zugleich die Heilige Schrift vom Heil aller Menschen.

Das begründet in uns die feste Überzeugung, daß für jeden Menschen mit gutem Willen in der Welt kein Platz für Unruhe oder Angst sein kann. Gerade der heilige Paulus gibt Zeugnis von seiner Verbundenheit mit Christus durch seine Zuversicht und Sicherheit.

»*Ich bin gewiß, daß weder Tod noch Leben, weder Engel noch Gewalten, weder Gegenwärtiges noch Zukünftiges, noch irgendwelche Mächte, noch irgendein anderes Wesen uns scheiden kann von der Liebe Gottes, die da ist in Christus Jesus, unserem Herrn.*« (*Röm 8, 38–39*)

Die Werke der Barmherzigkeit entspringen einer christlichen Grundhaltung. Es darf damit auf keinen Fall ein herablassendes, den Empfangenden erniedrigendes Verhalten assoziiert werden. Eine gewisse Praxis der „Mildtätigkeit" in der Kirche hat vor allem in der marxistischen Religionskritik ihren Niederschlag gefunden und wird dort nicht zu Unrecht angeprangert.

Wahre Barmherzigkeit verliert sich nicht in Worten. Sie zeigt sich spürbar und sichtbar in Werken. Sprießt aus zwei Wurzeln empor: der „Gottesliebe" und der „Nächstenliebe".

»*Alles, was ihr also von anderen erwartet, das tut auch ihnen! Darin besteht das Gesetz und die Propheten.*« (*Mt 7, 12*)

Die „Goldene Regel", Christ in der Tat zu sein. Schon seit alter Zeit werden bestimmte „Werke der Barmherzigkeit" aufgezählt.

Sie laden dazu ein, daß wir in unserem Alltag hellhörig für die Nöte und die Hilfsbedürftigkeit unserer Mitmenschen werden und die Gelegenheit für Taten der Barmherzigkeit nicht übersehen.

Die sieben leiblichen Werke der Barmherzigkeit heißen: Hungrige speisen. – Durstige tränken. – Nackte bekleiden. – Fremde beherbergen. – Gefangene erlösen. – Kranke besuchen. – Tote begraben.

Christen sollen sich als Staatsbürger und Glieder der Kirche pflichtbewußt für das Gemeinwohl in Staat und Kirche einsetzen. Die Aufgaben, die auf sie warten, erkennen. Im Einsatz für die Ordnung Gottes. Im Eintreten für das Recht. Im Kampf gegen den Hunger. In den Rassenkonflikten. In brüderlicher Hilfe für Verfemte, Außenseiter und Kriminelle.

Das Fünfte Gebot: „Du sollst nicht töten", bedeutet für den Christen: Du sollst dein eigenes Leben und das Leben der Mitmenschen nicht unnötig in Gefahr bringen. Nicht schädigen. Oder gar vernichten. – Du sollst das Leben des Mitmenschen als sein höchstes irdisches Gut ansehen und seine Gesundheit und Unversehrtheit als hohen Wert achten.

Die Tötung eines Kindes im Mutterleib – Abtreibung – kann nicht durch bestimmte Notlage, etwa Armut oder andere soziale Gründe, gerechtfertigt werden. Sie ist grundsätzlich zu verwerfen.

Staat und Kirche müssen durch ihre Hilfsangebote menschliche Notlagen überwinden helfen. In der Pastoralkonstitution über die Kirche in der Welt von heute heißt es auf Seite 51: „Gott, der Herr des Lebens, hat den Menschen die hohe Aufgabe der Erhaltung des Lebens übertragen, die auf eine menschenwürdige Weise erfüllt werden muß. Das Leben ist daher von der Empfängnis an mit höchster Sorgfalt zu schützen."

Das Fünfte Gebot aber bedeutet auch, daß wir füreinander verantwortlich sind, auch in geistigen Belangen.

Die sieben geistigen Werke der Barmherzigkeit heißen: Sünder zurechtweisen. – Unwissende lehren. – Zweifelnden recht raten. – Betrübte trösten. – Lästige geduldig ertragen. – Denen, die uns beleidigen, gern verzeihen. – Für Lebende und Tote beten.

Werke der Barmherzigkeit, die fast nichts kosten, manchmal aber Überwindung brauchen: Ein frohes Gesicht machen. – Mit anderen freundlich umgehen. – Mit anderen lachen. – Sie geduldig anhören. – Zeit für sie aufbringen.

Ein weises Sprichwort, dessen Kraft über den Rand des Grabes hinausreicht: „Der hat sein Leben am besten verbracht, der andere Menschen hat fröhlich gemacht."

Selig, die ein reines Herz haben. – Wer sein Denken nur auf die Geschlechtskraft einengt, der erniedrigt und entwürdigt sich. Der Mensch soll seine Geschlechtskraft in den größeren Dienst schenkender und selbstloser Liebe nehmen, anstatt sich von ihr treiben zu lassen.

Bei einer Quelle, so erzählt eine orientalische Parabel, trafen sich drei Wanderer. Ein Künstler. Ein Greis. Und ein Knabe. Über dem Becken der Quelle stand eine uralte, verwitterte Inschrift: „Nehmt mich zum Vorbild."

Während sich die drei Wanderer ausruhten, sprachen sie über die Bedeutung dieser Inschrift. Der Künstler sagte: „Diese Quelle nimmt ihren Lauf durch ein langgedehntes Tal. Sie fließt durch Seen. Nimmt Bäche und Flüsse in sich auf. Und wird zuletzt zum großen Strom. Die Inschrift lehrt uns, daß man rastlos arbeiten muß, um groß zu werden."

„Ich", meinte der Greis, „finde einen anderen Sinn in der Inschrift: Die Quelle spendet freigebig allen Erquickung, die sich ihr nahen. Ihr Beispiel mahnt uns, unseren Mitmenschen nützlich zu sein."

Der Knabe hörte schweigend zu. Als die zwei endlich auch ihn um eine Deutung der Inschrift baten, antwortete er: „Das Wasser der Quelle taugt nichts, wenn es nicht rein ist. Getrübt wird es zum Ekel. Selbst die Tiere verschmähen es. Die Quelle will uns sagen: Wenn du nützen willst, bleib rein!"

Der Christ hat Hochachtung vor sich selbst und vor seinem Leib. Er kennt das Wort des Apostels Paulus:

» *Wißt ihr nicht, daß euer Leib ein Tempel des Heiligen Geistes ist, der in euch wohnt und den ihr von Gott habt? Verherrlicht also Gott in eurem Leib.* « *(1 Kor 6, 19–20)*

Der Christ strebt nach dem reinen, Gott liebenden und von Freude erfülltem Herzen, in dem der Heilige Geist wirkt. Er weiß: Ein Mensch mit einem frohen, reinen Herzen wird die Keuschheit lieben.

Die gottgewollte Beherrschung des Geschlechtstriebes vor und in der Ehe heißt „Keuschheit". – Die ehrfürchtige Scheu vor der Preisgabe der eigenen und fremden Intimsphäre im geschlechtlichen Bereich heißt „Schamhaftigkeit".

»Nur in Umkehr und Ruhe liegt eure Rettung, nur Stille und Vertrauen verleihen euch Kraft.« *(Jes 30, 15)*

„Was aus dem Menschen herauskommt, das macht ihn unrein. Denn von innen, aus dem Herzen der Menschen, kommen die bösen Gedanken, Unzucht, Diebstahl, Mord, Ehebruch, Habgier, Bosheit, Hinterlist, Ausschweifung, Neid, Verleumdung, Hochmut und Unvernunft. All dieses Böse kommt von innen und macht den Menschen unrein."

(Mk 7, 20–23)

Von dem wahrhaft liebenden Menschen sagt Jesus: daß sie Gott schauen werden.

Selig, die Frieden stiften. Söhne Gottes wird man sie nennen. – Mühsam, auf zwei Krücken gestützt, steigt eine Dame in das Eisenbahnabteil. Ihre Begleiterin ist treu bemüht, sie so bequem wie möglich zu setzen. Ein Blick auf die verkrümmten Hände verrät, daß sie gichtleidend ist. Welche Leiden, Entsagungen und Kämpfe mag die Kranke durchgemacht haben!

Endlich sitzt sie bequem und blickt ihre Mitreisenden an – mit strahlenden Augen. Nichts von Unzufriedenheit oder Bitterkeit, nur Glück und Freude steht in ihrem Antlitz geschrieben.

Ein Herr, der mit der leidenden Dame zugleich eingestiegen ist, sagt mit einem Blick auf ihre Krücken: „Kein größeres Glück als Gesundheit, das ist wahr."

Da wird es still im Abteil. Doch rasch hört man aus dem Munde der Kranken die Worte: „O nein, das ist nicht das größte Gut." Zurück fragt daraufhin der Herr: „Was gäbe es denn für ein größeres?" Aus tiefster Überzeugung kommt die Antwort: „Frieden mit Gott."

„Das Werk der Gerechtigkeit wird der Friede sein, der Ertrag der Gerechtigkeit sind Ruhe und Sicherheit für immer.“ (Jes 32, 17)

Die Entwicklung des Friedens ist Aufgabe des Christen. „Nichts ist mit dem Frieden verloren. Aber alles kann mit dem Krieg verloren sein.“ Mit diesem warnenden Satz versuchte Papst Pius XII. in seiner Rundfunkbotschaft vom 24. August 1939 den Ausbruch des Zweiten Weltkrieges zu verhindern.

Sein Wahlspruch lautete: Opus iustitiae pax, Gerechtigkeit schafft Frieden.

Damit hat er aller Welt deutlich gemacht: Ursache des Unfriedens in der Welt sind die schrecklichen Ungerechtigkeiten, die die Menschen bedrücken. Aufgabe aller, die den Frieden wünschen, ist es, diese Ungerechtigkeiten zu überwinden. Das aber erfordert mehr Tapferkeit, als in den Krieg zu ziehen.

Jeder, der sich bemüht, seine Handlungen und Taten auf den Mitmenschen abzustimmen, leistet einen Beitrag zum Frieden.

Selig, die um der Gerechtigkeit willen verfolgt werden. Das Himmelreich wird ihr ewiger Lohn sein. – Wir alle haben schon, jeder für sich und gemeinsam, den Kreuzweg gebetet. Haben seine vierzehn Stationen betrachtet, die uns den Leidensweg unseres HERRN und Heilands nach Kalvaria vor die Seele stellen.

Aber hat nicht auch die Kirche Christi auf ihrem Gang hin durch die Jahrhundertwende ganz wie ihr

HERR und Meister einen Kreuzweg zu gehen. Muß nicht auch sie, als der fortlebende und fortleidende Christus, Station um Station dieses Kreuzwegs an sich erleben, „um so in ihre Herrlichkeit einzugehen"?

Wie oft gilt auch von ihr: „Ungerecht verurteilt", wie oft muß sie wie unser Herr das Kreuz auf ihre Schultern nehmen. Wie oft ist sie schon unter dem Kreuz gefallen, indes ihre Feinde hämisch auf ihre Niederlage schauen.

Gewiß, die Kirche hat auch so manchen Trost in ihrem Leiden erfahren. Treue Männer halfen ihr, wie einst ein Simon von Cyrene dem Heiland, das Kreuz zu tragen. Mitleidige Frauen trösteten sie wie Veronika den HERRN. Weinten um die Kirche, wie die Frauen von Jerusalem über Jesus weinten. Und immer wieder richtete sich die Kirche auf an dem Anblick der Schmerzensmutter wie Jesus in der vierten Station.

Aber immer wieder hat die Kirche auch erlebt, wie man ihr die Kleider raubte. Wie man sie ans Kreuz schlug. Und sie ins Grab zu den Toten legte.

Bis es dem HERRN gefiel, ihr einen Ostertag zu schenken gleich dem auferstandenen Gottessohn, ihrem Vorbild und ihrem Trost.

Satan, der Teufel, als Widersacher und Versucher. Er ist keine Einbildung, kein Hirngespinst, kein Kinderschreck. Er ist Wirklichkeit.

Manche Menschen sagen: Es gibt keinen Teufel. Sie meinen, daß die Vorstellung eines Teufels nicht zu der eigentlichen, bleibenden Botschaft der Bibel gehört, sondern zum altorientalischen Weltbild, das für uns überholt, „Schnee von gestern" ist.

Die Lehre der Kirche hält fest, daß der Teufel eine personale Wirklichkeit ist, die zwar gewöhnlich in höchst unzulänglichen und volkstümlichen Bildern vorgestellt wird, aber in ihrer Weise real ist. Trotz allem darf aber nicht vergessen werden: Die Macht des Bösen bedroht in jedem Fall den Menschen bis auf den Grund seiner Existenz. Sie hält den einzelnen wie auch die Welt in ihrem Bann. Und ist durch oberflächliche Belehrung oder Nichtbeachtung nicht zu beseitigen.

Eine Leugnung des Teufels als personale Macht bedeutet keinesfalls eine Befreiung von der Macht des Bösen in der Welt.

Menschen können immer wieder zueinander „teuflisch sein". Sind dabei die Nachahmer des „Mörders von Anfang an", des „Lügners", des „Fürsten dieser Welt" – alles Worte, mit denen die Heilige Schrift bei Johannes den Teufel bezeichnet.

„Teufel" kommt von „Diabolos", ist ein Lehnwort aus der griechischen Übersetzung des Alten Testaments. Heißt wortwörtlich Verwirrer, Verleumder, wird dort Satan genannt, der Widersacher Gottes.

Daß man den Teufel nicht bagatellisieren darf, sagt uns die Heilige Schrift:

» Seid nüchtern und wachsam! Euer Widersacher, der Teufel, geht wie ein brüllender Löwe umher und sucht, wen er verschlingen kann. Leistet ihm Widerstand in der Kraft des Glaubens! Wißt, daß eure Brüder in der ganzen Welt die gleichen Leiden ertragen müssen! « *(1 Petr 5, 8–9)*

Dieser Tatsache müssen wir uns ein Leben lang bewußt sein. Müssen uns von Grund an darauf einstellen. Dürfen aber nicht verzagen.

Beides – unterschätzen oder übertreiben – wäre falsch. Der Teufel ist kein ebenbürtiger Gegner Gottes. Wer Gottes Sache zu der seinen machen will, für den ist der Teufel eine lächerliche, bedeutungslose Figur.

»Alle aber begegnet einander in Demut! Denn Gott tritt den Stolzen entgegen, den Demütigen aber schenkt er seine Gnade.

Beugt euch also in Demut unter die mächtige Hand Gottes, damit er euch erhöht, wenn die Zeit gekommen ist.« *(1 Petr 5, 5–6)*

„Einst trat", so erzählt der heilige Augustinus in einer Predigt, „ein Possenreißer auf die Bühne und verkündete den Zuschauern, er werde bei der nächsten Vorstellung eine ganz besondere Nummer zum besten geben. Er werde nämlich einem jeden sagen, was er im Innersten seines Herzens wünsche.

Die nächste Vorstellung war gekommen. Eine große Schar Neugieriger hatte sich eingefunden und wartete mit Ungeduld auf den ‚Gedankenleser'. Als die Spannung aufs höchste gestiegen war und die Menge schon unruhig zu werden begann, trat der Schauspieler vor und rief: ‚Nun will ich euch sagen, was ein jeder von euch sich wünscht. Ihr alle, wie und wo immer ihr auch seid, wünscht möglichst billig einzukaufen und möglichst teuer zu verkaufen.' Sprach's und trat ab.

Die Leute schauten sich verdutzt an. Und lachten dann hell heraus. Hatte der Possenreißer nicht richtig geraten?“ Der Alltag ist die Bühne unseres Lebens. Der Augenblick zählt. Das einzig Wichtige dabei ist, wie Regie geführt wird: „Mit Gott“ oder „Ohne Gott“.

» Der Herr ist mein Hirte, nichts wird mir fehlen. Er läßt mich lagern auf grünen Auen und führt mich zum Ruheplatz am Wasser. Er stillt mein Verlangen. Er leitet mich auf rechten Pfaden, treu seinem Namen.

Muß ich auch wandern in finsterer Schlucht, ich fürchte kein Unheil; denn du bist bei mir, dein Stock und dein Stab geben mir Zuversicht.

Du deckst mir den Tisch vor den Augen meiner Feinde. Du salbst mein Haupt mit Öl, du füllst mir reichlich den Becher. Lauter Güte und Huld werden mir folgen mein Leben lang, und im Haus des Herrn darf ich wohnen für lange Zeit. « *(Ps 23, 1–6)*

Die Macht der Gewohnheit. Sie kann uns alle ohne Ausnahme erfassen. Mitfortreißen. Und tragen. Die Frage ist nicht „die“, sondern „welche“ Gewohnheit. Ob Tugend, ob Laster.

» Wenn euer Glaube auch nur so groß ist wie ein Senfkorn, dann werdet ihr zu diesem Berg sagen: Rück von hier nach dort; und er wird wegrücken. Nichts wird euch unmöglich sein. « *(Mt 17, 20)*

Gott ist der Urgrund, der in sich selbst ist, lebt und strebt. „In IHM sind wir, leben wir und bewegen wir uns!“ ER ist der Unendliche, der Absolute.

Die Anerkennung dieser Tatsache mit unserer ganzen Person ist die Anbetung. Und Anbetung ist das Allumfassende in jedem religiösen Leben. Jeder Tag muß „Gottesdienst" sein und werden. Jeden Tag zu „heiligen" muß aber gelernt werden. Die Heilige Schrift ist uns dazu eine gute Wegbegleiterin.

Lauheit ist eine schöne Maske über einem faulen Gesicht. Der laue Mensch will ja gut und anständig sein und sucht nur, sein Leben „nett" zu gestalten. Er will nichts Schlechtes oder gar Böses tun. Er ist aber auch zu sich selbst nicht aufrichtig. Denn er gesteht sich nicht ein, daß er ohne Anstrengung, bequem leben will. Ehrlich gesagt, ist er ein Egoist. Ein vermummter, raffinierter Egoist.

Lauheit ist die Verschlafenheit, die Apathie, die Energielosigkeit, die Interessenlosigkeit, die Tatenlosigkeit dem Besseren und Besten gegenüber.

»*Wach auf, du Schläfer, und steh auf von den Toten, und Christus wird dein Licht sein.*« (Eph 5,14)

Wach sind Seelen: die das Interesse des andern lieben wie ihr eigenes. Sie werden Frieden und Einheit stiften.

Wach sind Seelen: die immer bereit sind, den ersten Schritt zu tun. Sie werden entdecken, daß der andere viel offener ist, als er es zeigen konnte.

Wach sind Seelen: die nie sagen „Jetzt ist Schluß!" Sie werden den neuen Anfang finden.

Wach sind Seelen: die erst hören und dann reden. Sie werden angehört werden.

Wach sind Seelen: die das Körnchen Wahrheit in jedem Diskussionsbeitrag heraushören. Sie werden integrieren und vermitteln können.

Wach sind Seelen: die ihre Position nie ausnützen. Sie werden geachtet werden.

Wach sind Seelen: die nie beleidigt oder enttäuscht sind. Sie werden das Klima prägen.

Wach sind Seelen: die unterliegen und verlieren können. Sie sind davon überzeugt, daß der HERR davon gewinnen kann.

Der gewaltige Niagarastrom stürzt sich in seiner ganzen Breite über einen Felsen von 47 Metern Höhe. Hunderte von Menschen fahren täglich auf stolzen Dampfern in die Nähe des Wasserfalls, um das Naturwunder zu betrachten.

Eines Abends kehrte ein solches Ausflugsschiff mit vielen Passagieren vom Wasserfall heimwärts. Plötzlich verstummte die lebhafte Unterhaltung der Fahrgäste. Entsetzen stand in ihren Gesichtern. – Was war denn geschehen?

Der Maschinenmeister hatte es verabsäumt, die Kessel des Schiffes rechtzeitig aufzuheizen, so daß die nötige Dampfkraft fehlte, um der starken Strömung Herr zu werden und stromaufwärts fahren zu können.

Man schüttete Kohlen in Mengen nach, aber umsonst – es war zu spät. Langsam trieb das Schiff dem unheimlichen Wasserfall zu. Schon hörte man das Brausen der tosenden Wasser. Schon drohte eine Panik unter den entsetzten Fahrgästen auszubrechen. Da kam dem Kapitän im letzten Augenblick der rettende Gedanke.

Es fiel ihm ein, daß er einen großen Ölvorrat auf dem Schiffe hatte. Den ließ er nun zur Gänze ins Feuer schütten. Die Flammen im Kessel loderten mächtig auf. Der

Dampf entwickelte sich in doppelter Stärke. Die Schiffsräder griffen mit neuer Kraft in die Wellen.

Einen Atemzug lang stand das Schiff still. Zwei Kräfte kämpften gegeneinander, die Kraft des abwärts strömenden Wassers und die Gegenkraft des neu erzeugten Feuers. Und jetzt ein Ruck des Schiffes nach vorwärts – der Dampfer begann sich gegen die starke Strömung durchzusetzen. Schiff und Fahrgäste waren gerettet.

„Weil die Guten nicht gut genug" sind.

Das ist der Grund, weshalb wir zu oft einem „Chaos" entgegentreiben.

Hab Mut zum „andern" Weg.

» Vertrau auf Gott, er wird dir helfen, hoffe auf ihn, er wird deine Wege ebnen. « (Sir 2, 6)

Beglückend, die Wirklichkeit. Randvoll, zeitweilig, überschäumend ist das Bewußtsein, unerschütterlich und untrügbar – daß Gott mit mir ist. Meiner Seele Kraft und meinem Geist Flügel verleiht. Jeden Weg mit mir geht. Meine Sorgen teilt. Den Blick frei macht.

»Das geknickte Rohr wird er nicht zerbrechen und den glimmenden Docht nicht auslöschen, bis er dem Recht zum Sieg verholfen hat. Und auf seinen Namen werden die Völker ihre Hoffnung setzen.« (Mt 12, 20–21)

Wir alle dürfen Gott dienen. Trotz unseres Versagens. ER kennt unser Herz und unsere Gedanken. Darauf sollen wir vertrauen. Vertrauen ist stärker als Furcht. ER zerbricht das geknickte Rohr nicht. Das bißchen Gute, das wie ein winziger Funke unter viel Asche, Abfall und Unrast noch glost, will ER zu einem Feuerbrand entfachen. ER ist ja auf die Erde gekommen, damit es brenne.

Aus dem Glauben leben. Auf den Himmel hoffen. Die Kräfte in mir will ich dahingehend zur Entfaltung bringen.

Elternhaus, Heimat, Lehrer, die Geborgenheit in der Gemeinschaft der Kirche, vor allem mein gelebtes Priesterleben und die Tiefe der Heiligen Schrift haben meine Seele geformt. Die Kräfte in mir gefestigt. Mich ein offenes Ja zum anderen sagen lassen.

Der so wie ich eine gleichberechtigte Existenz ist, seinen Freiraum, sein eigenes Geleise braucht.

Mir ein Du-Denken abverlangt: Dem Nächsten eine Zukunft geben. Nicht nur den eigenen, sondern auch den fremden Bedürfnissen und Interessen Geltung verschaffen. Sich selbst zugunsten des anderen zurücknehmen. Justament-Standpunkte aufgeben.

»Wer sich aber in das vollkommene Gesetz der Freiheit vertieft und an ihm festhält, wer es nicht nur hört, um es wieder zu vergessen, sondern danach handelt, der wird durch sein Tun selig sein.« (Jk 1, 25)

Bei sich selber einmal ganz und gar daheim sein: Der erste Schritt, in die Naturwelt einzusteigen.

K*unstvoll, fein durchwoben, sind sie, die Gespinste meiner Seele.*

Grober Garn alltäglichen Webe-Grams. Tut weh. Gleich Kummerzähnen frißt und nagt er an der Fiber verstrickter Schickungen, die mich dem Hohn gieriger Meute preisgeben, des Bösen triumphierende Spottfratze vor Schadenfreude verzerren läßt.

Ohne Geschrei. Umwoben von tiefer, atemloser Stille, windet sich ein zartseidener Bindfaden um das Reich meiner Seele. Erhebt sie zur Stimmung auf Kammerton.

Gottes-Wunder-Welt tut sich auf. Die Welt außer mir. Die Natur-Welt.

Pflanzen und Tiere steigen heraus aus der Tiefe, wo sie dann nur mehr als „Sache" ge- und behandelt werden, von Un-Werten belastet. Treten an uns heran, als Botschafter des Schöpfers. Lassen dort

Schreie und Tränen verstummen, wo die Natur seufzt, ächzt und im Todeskrampf sich windet.

Manches wird einem helle. Man beginnt umzudenken. Denn …

»Die Himmel rühmen die Herrlichkeit Gottes, vom Werk seiner Hände kündet das Firmament. Ein Tag sagt es dem andern, eine Nacht tut es der andern kund, ohne Worte und ohne Reden, unhörbar bleibt ihre Stimme. Doch ihre Botschaft geht in die Welt hinaus, ihre Kunde bis zu den Enden der Erde.« *(Ps 19, 2–5)*

Wo noch Blumen blühen und über ihnen am Himmel die Wolken ziehen.

Wo Nebel, Schnee, Eis und Regen sagende Boten sind. Dem Bauern seine Wettersprüche schenken. Die Monate zum Sinn-Mond machen.

Wo die Jahreszeiten sich liebevoll die Hände reichen. Stimmung bringen. Gesunde Abwechslung herbeitragen. Unseren Lebensrhythmus bejahen.

Wo Wasser rein und frisch aus der Quelle sprudelt. Von den Bergen stürzt. Wiese, Wald und Feld durcheilt. Seinen Kreislauf vollendet. Den Menschen an Kommen, Werden und Vergehen mahnt.

Wo Pflanzencharakter und Menschentyp sich treffen. Der Pflanzen Sympathie und Antipathie deuten, daß es sich auch mit Gegensätzen leben läßt.

Wer bliebe da nicht stehen. Nimmt ehrfurchtsvoll den Hut ab. Durchmißt mit begnadetem Blick das alles umfassende Sein. Das von innen kommt, nach außen geht und in Gottes Hand sich wiederfindet.

2. BUCH

»Öffne mir die Augen, daß ich schaue die Wunder an deinem Gesetze.« (Ps 119, 18)

Die stahlblaue Kugeldistel. Der geduldige C-Falter. Die brummende Hummel. Und ... vier Tote jeden Tag auf Österreichs Straßen. Das mal 365 ergibt die Bilanz der Verkehrstoten 1991.

Kurz vorher, am Tage des Straßenverkehrs, hatte ich beim Sonntagsgottesdienst vom heiligen Christophorus erzählt. Ermahnt und aufgerufen, nicht ohne Gott zu fahren. Das Leben zu achten.

Später stehe ich im Pfarrgarten. Betrachte die Blaue Kugeldistel der Art „Echinops ritro", deren Blüten mir in ihrer ganzen Pracht entgegenleuchten. Ich mag sie. Zwischen der Kanadischen Goldrute und dem Kirschlorbeer gibt sie ein prächtiges Bild.

„Was für ein Geschiebe? Was bildet ihr euch ein. Vor meinen Augen?" muß ich empört denken.

Der gezackte Flügelrand und die deutliche weiße C-Zeichnung auf der Unterseite des Hinterflügels, Farbe und Zeichenmuster, sagen mir, daß es sich um einen C-Falter handelt.

Seine Raupe lebt unter anderem gerne auf Brennesselstauden. Und gerade dort – kaum zwei Meter von meinem Beobachtungsplatz entfernt, habe ich vor mehreren Monaten auf einer Brennesselstaude ein paar Raupen entdeckt.

Das „Geschiebe" auf der Kugel geht weiter.

Die weiße Hinterleibspitze, zwei gelbe Binden, der große, dicke Körper, das verdächtig laute Brummen verraten mir: eine Hummel ist am Werk. Dichte Behaarung und langer Rüssel machen sie zum wichtigsten Pflanzenbestäuber.

Hummel gegen C-Falter, kann ich registrieren.

Unentschieden einstweilen steht der Kampf.

Mehr und mehr versucht der dicke Brummer, den Falter zu bedrängen. Er, auch bemüht, auf der Kugeldistel zu naschen.

Das Gedränge und Gezwänge wird immer ärger.

Ironie schien es zu sein. Kampf in der Natur ist „natürlich"! Kampf auf den Straßen aber unverzeihlich. Liebe den Nächsten! Schütze dich und ihn!

Schließlich gibt der Schmetterling auf, verläßt das Schlachtfeld. Schon kommen weitere Hummeln angeflogen, drei an der Zahl. Suchen Pollen, leisten gleichzeitig wertvolle Arbeit zum Wohle der Kugeldistel. Nur wenn sie befruchtet wird, kann sie sich vermehren, ihre Art erhalten.

Im Winter sieht man dann das Blau der kugeligen Distel in Trocken-Blumensträußen leuchten. Kaum denkt man noch daran, wie verwoben das Leben von Pflanze, Tier und Mensch ist.

»Ich schenke ihnen ein anderes Herz und schenke ihnen einen neuen Geist. Ich nehme das Herz von Stein aus ihrer Brust und gebe ihnen ein Herz von Fleisch, damit sie nach meinen Gesetzen leben und auf meine Rechtsvorschriften achten und sie erfüllen.« *(Ez 11, 19–20)*

Das Ich ist der Bezugspunkt, um den sich unsere gesamte Weltwahrnehmung ordnet. Es ist gut, wenn uns der Hochsommer zum schweigenden Bestaunen führt, erhabener Muttergrund für eine Weisheit göttlicher Herkunft wird. Die Stimme der Stille.

Treffend sagt der heilige Franz von Sales: „Die Hummeln machen ein großes Getöse und tun weiß Gott wie geschäftig, aber trotz allem Gebrumm schaffen sie keinen Honig her. Die Biene macht keinen Spektakel, sie tut ihr Werk still und unauffällig, aber sie bereitet das Wachs und schenkt uns den Honig.

So gibt es auch Menschen, die immer voll Unruhe sind und die Welt mit ihrem Gebrumm und Getöse erfüllen. Es kommt aber nichts oder nicht viel dabei heraus. Die wirklichen Arbeiter im Dienste des Herrn verrichten ihr Werk ruhig und selbstverständlich und bringen dabei etwas voran."

Gott sieht es anders. Die Welt, die wir sehen, ertasten, durchwandern, erforschen, erhalten und schützen, ausbeuten und zugrunde richten, ist für IHN Umrahmung des Lebens.

Alles menschliche Planen, Verhandeln und Streben hat seine Bedeutung. Der Mittelpunkt SEINES uranfänglichen Interesses – dem SEINE ganze Aufmerksamkeit gilt – ist der Mensch auf Erden. Jede Person. Jede Seele.

» Seh' ich den Himmel, das Werk deiner Finger, Mond und Sterne, die du befestigt: Was ist der Mensch, daß du an ihn denkst, des Menschen Kind, daß du dich seiner annimmst?

Du hast ihn nur wenig geringer gemacht als Gott, hast ihn mit Herrlichkeit und Ehre gekrönt. Du hast ihn als Herrscher eingesetzt über das Werk deiner Hände, hast ihm alles zu Füßen gelegt. «

(Ps 8, 4–7)

Der Herr hat die Welt nur geschaffen und erhält sie, damit der Mensch „heilig werde, wie der Vater im Himmel vollkommen" ist. – Die Welt in ihrer Vielfalt, in ihrer Schönheit und mit allen ihren kleinen und großen Wundern hat nur diesen einen Zweck.

Gott wälzt die Welt um, für seine Erwählten, für seine Freunde, die Menschen, für jeden einzelnen von uns. Manchmal wird diese göttliche Vorsehung unseren Augen plötzlich sichtbar, und dann erkennen wir erst so richtig den hohen Stellenwert unseres Mensch-Seins und unseres Da-Seins überhaupt.

Jeden Augenblick, in dem wir unsere Seele dem freundlichen Entgegenkommen der Vaterliebe Gottes öffnen, möchte ich sagen: „Vater, ich danke dir für deine Liebe zu mir."

Dieses Vertrauen wird meine Seele ganz der Freude auffalten. Jener Freude, die die Welt nicht geben, aber auch nicht rauben kann.

Auf manchen Jahrmärkten gibt es zur Belustigung der Kinder kleine Gummiblasen zu kaufen, die, mit Luft gefüllt, diese unter mehr oder weniger lautem Getön wieder ausströmen lassen.

Ein Sinnbild „aufgeblasener Menschen", die vergessen, daß Gott sie nach SEINEM Bild geschaffen hat. Und dabei übersehen, daß sie schon morgen nicht mehr sein werden, was sie heute zu sein vorgeben.

» Lobe den Herrn, meine Seele, und vergiß nicht, was er dir Gutes getan hat. Der dir all deine Schuld vergibt und all deine Gebrechen heilt. « (Ps 103, 2–3)

Unsere Erde lebt von dem Licht der Sonne. Die Sonne aber lebt nicht von uns. Sie strahlt uns ihr Licht in verschwenderischer Fülle. Ohne ihr Licht und ihre Wärme gäbe es auf Erden kein Leben.

Sie schenkt den Pflanzen Wachstum, den Tieren und Menschen Nahrung und Gedeihen. Kein Auge könnte sehen ohne Sonnenlicht.

Und doch steht die Sonne hoch über allem, was da auf Erden lebt und sich bewegt durch sie. Alles ist angewiesen auf sie. Sie aber ist auf nichts angewiesen, was hier auf Erden ist.

Wer tiefer denkt, sieht hier ein Sinnbild, wie Gott zu SEINER Schöpfung steht. Alles, was Gott geschaffen hat, lebt nur durch IHN. Durch IHN allein hat es Dasein und Bestand.

Gott aber lebt für sich, hoch erhaben über allem Werk SEINER Hände. Frei und unabhängig von allem, was ER geschaffen hat. Alles braucht IHN. ER aber braucht niemanden und nichts. ER ist sich selbst genug. ER ist der „ganz Andere". Der zeitlos ewige Born des Lebens und des Lichtes, von dem auch unsere Sonne nur ein schwaches Abbild ist.

»Ich will dich rühmen, mein Gott und König, und deinen Namen preisen immer und ewig.«

(Ps 145, 1)

Der russische Dichter Turgenjew, er lebte von 1818 bis 1883, hat eine tiefsinnige Parabel geschrieben, in der er zwei der höchsten Berge im Berner Oberland, die Jungfrau, 4.158 Meter, und das hochaufragende Finsteraarhorn, 4.274 Meter, wie zwei lebende urweltliche Wesen einführt.

Eines Tages erwacht die Jungfrau aus ihrem Schlaf, der nach Jahrzehntausenden mißt, und wendet sich zum Finsteraarhorn mit der Frage: „Du bist höher als ich und siehst weiter: Sag, gibt es etwas Neues da unten zu unseren Füßen?“

„Etwas Neues?“ lautet die schläfrige Antwort des Finsteraarhorns: „Ich sehe nur Wolken liegen rings über der Erde, sonst nichts als Eis und Schnee.“

Jahrtausende vergehen, da erwacht die Jungfrau ein weiteres Mal und fragt ihren Nachbarn: „Wie ist es, siehst du etwas Neues draußen in der Welt?“ – „Es ist alles beim alten. Nur ist nicht mehr soviel Schnee und Eis zu sehen. Dafür schwarzer Wald und grauer Stein. Und richtig, weit draußen in der Ebene sieht man ein paar kleine, zweifüßige Käfer, die kreuz und quer laufen.“

Wieder geschieht es nach zehntausend Jahren, daß die Jungfrau aus ihrem Schlaf erwacht und ihre alte Frage stellt: „Wie steht's draußen in der Welt?“

Und gähnend gibt der Bergriese zur Antwort: „Alles wie sonst. Nur sind die kleinen Käfer, will mir scheinen, mehr geworden. Sie krabbeln umher, als hätten sie es furchtbar wichtig in der Welt.“

Dann wieder Ruhe, bis wiederum nach zehntausend Jahren die Frage kommt: „Und wie steht's jetzt?“ Da wirft das Finsteraarhorn einen Blick in die Runde und gibt zur Antwort: „Die Welt wird kälter, lichter, stiller. Mir scheint, das Eis nimmt wieder zu, und die kleinen Käfer da draußen werden weniger.“

Und wieder nach zehntausend Jahren: „Nun seh' ich nur noch Eis und Schnee allüberall. Und überall herrscht Ruhe und Schweigen. Wir können schlafen ...!"

»Denn von der Größe und Schönheit der Schöpfung läßt sich auf ihren Schöpfer schließen.«

(Weish 11, 5)

Gewiß, es weht uns so etwas wie Eisesluft aus diesem Gleichnis an. Warum? Weil wir uns plötzlich sehr klein und verloren vorkommen vor diesen Riesen, die seit Jahrtausenden auf uns Eintagsfliegen herabschauen. Und doch, was sind selbst diese gewaltigen Berge mit ihrer Zeitüberlegenheit gegen den ewigen Gott!

Nehmen wir uns nicht alle viel zu wichtig, uns, unser Schicksal und alles hier auf dieser Welt?

Wie schrumpft das alles zusammen, wenn wir einmal versuchen, es mit den Augen des Ewigen zu sehen.

Unendlich erhaben steht ER „von Ewigkeit zu Ewigkeit" über allem. Über uns Menschen auf Erden, den Bergen der Erde, den Sonnen und Sternen des Weltalls. Und über dem ganzen Universum.

»Der Herr ist aber in Wahrheit Gott, lebendiger Gott und ewiger König.« *(Jer 10, 10)*

Ein deutscher Tierforscher namens Ehrenberg wurde einmal nach einer Forschungsreise an den Nil gefragt, welchen Eindruck die gewaltigen Pharaonentempel auf ihn gemacht hätten. Da erklärte er, er habe nach Fledermäusen gesucht und sich um sonst nichts gekümmert.

Geht es nicht vielen Menschen auch so? Eingeengt in ihre Berufspflichten, sehen sie gerade noch das, was ihre eigenen Interessen schneidet. Verschlossen und blind stehen sie vor den tiefsten und letzten Fragen, die die Natur bei auch nur ein wenig besinnlicher Betrachtung dem denkenden Menschengeist aufgibt. Ihr Blick ist so verengt, daß sie blind sind für alles Höhere, für das, was den Menschen zum Menschen macht.

»Gott, der Herr, nahm also den Menschen und setzte ihn in den Garten von Eden, damit er ihn bebaue und hüte.« (Gen 2, 15)

Das Immergrün am Waldesrand schlängelt sich am Boden dahin. Es ist ein Verwandter des Oleanders, ein Symbol des Durchhaltens, des stillen, unaufdringlichen Wartens. Und des tatkräftigen Helfens.

Kommt der Frühling ins Land und ziehen Auen, Wiesen, Fluren und Täler ihr schönstes Kleid an, mag auch der Waldsaum nicht zurückstehen. Jetzt öffnet das Immergrün seine Blüten. Schaut uns mit blauen Augen freundlich einladend entgegen.

Rätselhaft, dieser Blick einer kleinen Blume. Er zog schon unsere Ahnen in ihren Bann.

Wenn der Monat Mai den kürzeren April ablöst, in der Walpurgisnacht, da geht es eigenartig zu. Für Hexengebräu und Liebesgetränke spielte dieses „Sinngrün" keine unbedeutende Rolle.

Unsere Vorfahren kannten die heilenden Kräfte, die dieser Pflanze innewohnen, und verwendeten vor allem

»Vom Aufgang der Sonne bis zum Untergang sei der Name des Herrn gelobt.« (Ps 113, 3)

die Blätter. Sie regenerieren das Blut. Das wiederum macht Immergrün wertvoll für Blutarme. Zieht den dunklen Schleier bei Schwermut und Niedergeschlagenheit weg. Eignet sich für Genesende nach langer Krankheit und für Opfer von schweren Unfällen. Bringt Blutungen zum Stillstand. Wirkt besonders gegen Nasenbluten. Dank seiner wundheilenden Fähigkeit ein gutes Mittel für das Vernarben von Wunden. Frauen und junge Mädchen nehmen Immergrün-Blätter-Tee bei Unterleibsschmerzen, ebenso wertvoll ist er bei Verschleimung der Atmungsorgane.

Immergrünblätter haben – äußerlich angewandt – als Gurgelwasser gegen Angina, Mandelentzündung und Mundinfektion stets auch Erfolg gezeigt.

Da die Blätter „immer grün sind", können sie jederzeit geerntet und frisch verwendet werden. Im Frühling enthalten sie die größte Heilkraft.

» Überlaß dich nicht der Sorge, schade dir nicht selbst durch dein Grübeln!

Herzensfreude ist Liebe für den Menschen, Frohsinn verlängert ihm die Tage. « *(Sir 30, 21–22)*

Franz von Sales, Meister innerlichen Lebens, schreibt: „Der Glaube läßt uns mit untrüglicher Gewißheit erkennen, daß Gott unendlich gut ist, daß er sich mit uns vereinigen kann, daß er es nicht nur kann, sondern auch will, ja so sehr will, daß er in unsagbarer Liebe uns alle notwendigen Mittel bereitet hat, um zur Seligkeit unsterblicher Glorie zu gelangen."

Die Pflanzenwelt ist die große Nährmutter alles Lebendigen. Durch sie gedeiht alles höhere Leben auf Erden.

Giftpflanzen scheinen dem gütigen Lebensgesetz „Geben und Nehmen" zu widersprechen. Weil sie diejenigen mit Tod bedrohen, die von ihnen Nahrung nehmen wollen. Doch jedes Wesen will sich erhalten. Und der Kampf ums Dasein in der Natur herrscht überall mitleidlos. So sichern sich die Giftpflanzen ihre Existenz auf ihre eigene Art. Gar nicht anders auch die Tollkirsche. Eine Staude der Bergwälder.

Wo die Tageshelle dem feuchten Walddunkel begegnet, dort hält sich die Tollkirsche am liebsten auf. Ob Waldrand, Waldlichtung oder ein Kahlschlag, ist der Pflanze egal, solange nur der Boden dunklen Humus enthält, damit genug Schattenkräfte vorhanden sind.

Wirkt die Sonne stärker und bietet ihr Dunkel-Macht nicht genügend Widerpart, so verschwindet die Staude.

Die ganze Gestalt der Tollkirsche kündet vom Kampf lichter und dunkler Wesenskräfte. Das Hauptorgan ist der kräftige, mehrköpfige Wurzelstock. Aus ihm holt die Lenzensonne die Sprosse mit ihren gestielten, großen, ganzrandigen und eiförmig zugespitzten Laubblättern empor. Zieht sie in das obere Reich. Im Herbst aber verlangt ihr Wesen wieder in die Wurzel hinab.

Kräftig und schnell wächst der Sproß. – Wird es eine mannshohe Gestalt oder gar ein Baum? Weit gefehlt. Wie durch einen inneren Gewaltakt verursacht, wird dem lebendigen Aufwachsen ein jähes Ende bereitet. Wer oder was bewirkt das?

Eine Blüte war es. Als unüberwindbares Hindernis mußte zur Bremse gegriffen werden.

Doch der Wachstumsstrom läßt sich nicht einschüchtern. In die Höhe darf er nicht. Was dann? Es fährt in meist drei Seitenstrahlen auseinander, einem Springbrunnenstrahl nicht unähnlich, den eine kräftig niedergeführte Faust hemmt. Und der nun schräg nach außen weicht.

Die Pflanze hat einen Meter Höhe erreicht, setzt jetzt ihre Energie in Blütenreichtum um. Das krautig Blatthafte wird vom Blütenprozeß förmlich überfallen. In jeder Blüte öffnet sich ein tief eingestülpter Schlund, in dessen Farben schwaches, verdämmerndes Gelb mit düsterem Violettbraun kämpft. Die „Biene der Erde", die schwere Hummel, holt den Nektar. Dann schwillt schwarzviolett, einem Tierauge vergleichbar, die vielsamige „Kirsche". Verläßt hierbei ihren Schattenschirm. Hebt sich wieder ins hellere Dämmern. Findet in der glänzendschwarzen Beere ihr gipfelndes Finale.

Im Zusammenwirken von Licht und Dunkelheit, im Ineinanderweben von Wasser und Luft charakterisiert die Tollkirsche ihr Wesen.

Belladonna, die Tollkirsche, ist eine der „großen" Heilpflanzen der Medizin, die aber ausschließlich in die Hand des Wissenschafters, des Arztes oder Apothekers gehört. Nicht in die Hand der Kräuterfreunde.

Auge und Herz öffnen. Die Vielfalt in der Natur sehen, bewundern. Und den Schöpfer preisen.

»*Ich will den Herrn allezeit preisen; immer sei sein Lob in meinem Mund.*« *(Ps 34, 2)*

Taunasse Füße. Welch herrliches Gefühl, wohltuend und gesund.

Wie wunderbar ist es, an einem Sommertag frühmorgens durch den ersten Tau zu gehen. Da ist noch der frische Segen da.

Noch ist kein Mensch diesen Weg gegangen. Noch ist kein böses Wort gefallen.

Eigenartig, wer als erster seinen Fuß in unberührten Tau setzt, empfängt eine stark spürbare heilende Kraft für den Kreislauf und das Herz.

Treffend weiß der heilige Thomas von Aquin zu berichten:

„Gib mir, Herr, ein wachsames Herz, das keine unwürdige Leidenschaft erniedrigt.

Ein gerades und aufrechtes Herz, das kein gemeines Streben auf Abwege führen kann.

Ein starkes Herz, das sich von keiner bösen Leidenschaft beherrschen läßt."

Auf den Wiesen unserer Heimat blühen 1600 und mehr verschiedene Pflanzen, auf die der Tau in Sommernächten fällt.

Diese Fülle kann man nicht auf einmal aufnehmen. Behalten und kennen.

Stück um Stück erkunden.

Das ist ein Weg nach vorne, hin zum rechten Wissen.

»Frage und forsche, suche und finde! Hast du die Weisheit erfaßt, laß sie nie wieder los! Denn schließlich wirst du bei ihr Ruhe finden, sie wandelt sich dir in Freude.« *(Sir 6, 27–28)*

Kleine, zitternde Herzchen. Und der Wind weht über die sommerliche Wiese. Großtuerisch und selbstgefällig pustet er sich auf, als müsse er weiß Gott welche Herkulesarbeit vollführen.

Die vorgetäuschte Mühe hätte er sich ersparen können. Jeder kleine Hosenknirps bringt dies zustande. Ohne viel Getue.

Der geringste Lufthauch läßt sie zappeln, die aufrechte Rispe mit den kleinen zitternden Herzchen als Ährchen. Gerade deswegen heißt es „Zittergras“ oder „Zitterherzl“.

Auf trockenen Wiesen ist dieses Gras sehr häufig anzutreffen. Kleinhorstig, da es nur kurze Ausläufer hat. Gute Düngung und intensive Beweidung drängen es immer mehr zurück.

Der Halm ist dünn und glatt. Und da die Ährchen nur an ganz zarten Stielchen hängen, werden sie leicht des Lufthauches Spiel.

Das Zittergras ist ausdauernd und erreicht etwa einen halben Meter Höhe. Man findet es im meist nährstoffarmen Dauergrünland. Gilt als Magerkeitsanzeiger. Als Futtergras ist es wohl gut, aber nicht ertragreich, liefert es doch wenig Futtermasse. Wird vom Vieh als Heu gern genommen.

Wegen seines zierlichen und von den übrigen einheimischen Gräsern abweichenden Aussehens ist das Zittergras eine der bekanntesten Wiesenpflanzen.

Mancherorts sammelt man das blühende Zittergras, trocknet es, und im Heißaufguß zubereitet ergibt es einen wertvollen Morgen- und Abendtrunk.

Eine treffende Beschreibung gab bereits im Jahre 1551 Hieronymus Bock, der die einheimischen Heilpflanzen sehr genau beschrieb: „Seine außgespreytte zottechte arhren tragen schoene geflüglete / braun runde Linsenkoernlein / auff zartem braunen haar / die hangen daran als kleyne flügelin an den Jzngkfrawen krantzen."

Hieronymus Bock wird heute noch „Der pflanzenkundige Pastor" genannt. Der evangelische Geistliche lebte von 1498 bis 1554. Er war Lehrer und Aufseher über den herzoglichen Garten in Zweibrücken, dann Prediger und Arzt des Grafen von Nassau in Hornbach.

Bock erforschte auf seinen Wanderungen die Flora Süddeutschlands. In seinem Kräuterbuch gab er gute Habitusbeschreibungen einheimischer Pflanzen mit Angaben über Fundort und Heilwirkung. Er versuchte die Pflanzen nach ihrer Verwandtschaft zu ordnen und teilte sie in Kräuter, Sträucher und Bäume ein.

Die Kenntnisse der Kräuterkunde, die wir heute besitzen, können als Pfad angesehen werden, den unendlich viele Menschen durch ihr Wissen und ihre Emsigkeit begehbar machten.

Ein Strauß Wiesenblumen, gepflückt und heimgetragen. Das Zittergras gibt ihm die besondere Note.

»Mancher schweigt, weil er keine Antwort weiß, mancher schweigt, weil er die rechte Zeit beachtet.« *(Sir 20, 6)*

Richtig sehen heißt bewußt sehen.

Je bewußter wir sehen, desto nachhaltiger prägt sich das Gesehene unserem Unterbewußtsein ein. Und umso gründlicher wird es verarbeitet.

Richtig sehen heißt denkend sehen.

Heißt deutlich sehen. Was man deutlich ansieht, tritt aus dem Nebel der Umwelt näher heran. Wird klarer erkennbar. Aus Vermutung wird Gewißheit.

Warum Wurzeln unter der Erde sind, wollte ich wissen. – Prompt kam die Antwort: „Damit man sie nicht sieht, weil sie dreckig sind."

Richtig sehen heißt natürlich sehen.

Heißt, wie ein Kind sehen. Mit offenen Augen. Kleinstes wie Größtes wichtig nehmen. – Neunundneunzig Menschen gehen gedankenlos vorbei. Bis der hundertste eindringt in das Geschaute.

Richtig sehen heißt auch hinhören.

Wie wunderbar ist das in der Musik! Grundton, Terz und Quint sind drei Töne und bilden doch zusammen nur einen einzigen Akkord. Einen Klang.

Die Quint geht aus dem Grundton hervor. Die Terz aus dem Grundton und der Quint zugleich.

Haben wir hier nicht ein Sinnbild für den Sohn, der aus dem Vater, und den Geist, der aus dem Vater und dem Sohn zugleich hervorgeht?

Bei der Glocke ergibt sich der Akkord so selbständig, daß beim Anschlagen des Grundtones die Terz und die Quint von selber mitklingen. Sie sind aber alle drei derart eins, daß es eines geübten Ohrs bedarf, sie auseinanderzuhalten. So wird der Ton der Glocke erst zum Klang. Zu etwas Vollem und Befriedigendem.

Auch das Ohr der Seele wird nur gesättigt und befriedigt sein, wenn es im Himmel einmal dem vollen Dreiklang des göttlichen Akkordes lauschen darf.

Das ist dann Himmelsmusik. Doch mehr als Harmonie der Sterne. Es ist die Harmonie des ewigen göttlichen Lebens schlechthin.

»*Ihm, dem einen, weisen Gott, sei Ehre durch Jesus Christus in alle Ewigkeit! Amen.*« *(Röm 16, 27)*

Alter Wein ist guter Wein. Ein alter Mensch ist oft ein kluger Mensch. Doch das Alte bringt viel zu oft Nachteile mit sich. Ermüdung, Verbrauch, Enttäuschung.

Das Neue – wenn es nicht zum Modischen verkommen soll – bedeutet immer Frische und Hoffnung. Die Gnade ist neues Leben.

»*Wißt ihr denn nicht, daß wir alle, die wir auf Christus Jesus getauft wurden, auf seinen Tod getauft worden sind? Wir wurden mit ihm begraben durch die Taufe auf den Tod; und wie Christus durch die Herrlichkeit des Vaters von den Toten auferweckt wurde, so wollen auch wir als neue Menschen leben.*« *(Röm 6, 3–4)*

Das Neue besteht darin, daß der Mensch das Bild Gottes, das Bild Christi geworden ist und in sich trägt.

Das „Neue" geht über den einzelnen hinaus, erfaßt den ganzen Kosmos.

Hier liegt für den Christen auch das Fundament der „Kraft außer mir".

Hier liegt die tiefe Wurzel sinnvoller, kraftspendender und tiefsinniger Überlegungen in Vergleichen und Bildern.

Drei flüssige Substanzen sind es, die der Dreifaltige Gott sich zu Gnadenträgern auserwählt hat. Und damit griff er in die Naturwelt ein, indem er sie adelte. Zeigte, daß die Gnade – göttliches Geschehen – auf der Natur aufbaut. Und menschliches Tun, Schaffen und Sorgen miteinbezieht, Früchte bringen läßt.

Wasser, Wein und Öl.

Das Wasser erwählte der Vater.

Den Wein erkor der Sohn durch sein erstes Wunder zu Kana und sein letztes beim Abendmahle.

Das Öl entsandte der Heilige Geist, welcher der Kirche innewohnt.

Viel zu verflochten sind wir mit dem Tag-für Tag-Geschehen, als daß wir uns Gedanken machten darüber, wieviel „Heil-iges" uns aus dem Felde, der Quelle und dem Garten gegeben wird. Auf mannigfache Art.

Das Öl ruht in der Frucht des Ölbaumes. Genauso wie im Kern der Nuß. Es duftet in den Blättern des Nußbaumes. In den Früchten des Leinsamens. In stark flüchtendem Sinne und auf rasch wirkende Art in vielen Heil-Kräutern.

Das Öl duftet und ruht.

Wird es auf Wogen ausgegossen, macht es ruhig und still. Glättet und ebnet. Auf Brandwunden gegeben, mildert es den brennenden Schmerz. Kühlt und lindert.

Das Wasser bildet den Vater nach.

Mit seiner Grenzenlosigkeit und Fruchtbarkeit. Und mit seiner All-Wirksamkeit.

Der Wein steht für das Leben des Sohnes, der „wahrer Weinstock" ist.

Das Öl versinnbildlicht den Heiligen Geist.

Der Heilige Geist hat als letzter das Erlösungswerk besiegelt. Indem er sich selber ausgoß. Wie das Öl ein Letztes, Feinstes an der Pflanze ist, die Besiegelung ihrer Fülle. Die heilsamen Öle in den Heilkräutern werden so sehr geschätzt, weil sie ganz lind und sanft in den kranken Körper eindringen, dabei einen süßen Wohlgeruch verbreiten. So und nicht anders – bildlich gesprochen – ist das Wirken des Heiligen Geistes. Wie ein Hauch dringt er sanftmild in die Seele, heilt sie vor allem von der Krankheit der Sünde, auf daß die Herzen der vom Heiligen Geist Besiegelten und Gesalbten wahrhaft zu einem Wohlgeruch Christi werden.

»Dank sei Gott, der uns stets im Siegeszug Christi mitführt und durch uns den Duft der Erkenntnis Christi in allen Orten verbreitet.

Denn wir sind Christi Wohlgeruch für Gott unter denen, die gerettet werden, wie unter denen, die verlorengehen.

Den einen sind wir Todesgeruch, der Tod bringt; den anderen Lebensduft, der Leben verheißt.«

(2 Kor 2, 14–16)

Schwach ist unser geistiges Auge geworden. Unser Sehvermögen reicht, wenn überhaupt, bloß bis an die Oberfläche. Die Welt außer uns bleibt undurchschaubar. Wir sehen bei den Pflanzen nur mehr die mineralisch-physische Gestalt. Mehr sehen wir nicht. Weil uns die Lebenskräfte fernstehen.

Das Samenkorn sprießt. Die Triebe wachsen, blühen und reifen. Diese lebendige Werdekraft können wir nur im nachhinein, am „Fertig-Gewordenen", ablesen.

Die „inne-wohnenden esoterischen Kräfte" der Pflanze bleiben unserem Auge verborgen. Von da an ist es nur mehr ein kleiner Schritt, deren Existenz überhaupt abzuleugnen, ihr „Innen-Sein" als nicht vorhanden zu betrachten.

» *Wächst ohne Sumpf das Schilfrohr hoch, wird Riedgras ohne Wasser groß? In Blüte und noch nicht gemäht, verwelkt es schon vor allem Gras.*

So enden alle, die Gott vergessen, des Ruchlosen Hoffen wird zunichte. Ein Spinngewebe ist seine Zuversicht, ein Spinnennetz sein Verlaß. «

(Ijob 8, 11–14)

Eine Pflanze ist kein Ding. Kein lebloser, gemachter Gegenstand. Die Pflanze ist ein lebendiges Wesen.

Ein im Entfalten und Werden begriffenes Sein, das in seinem Fortgang die mineralischen Baustoffe erfaßt. Und nutzt. Zuletzt erst, als Spur des fließenden, sich wandelnden Lebens, die fertige Gestalt hinterläßt. In der Form von Stengel, Blättern, Ästen, Blüten und Hülsen.

Sind die „ätherischen", die unsichtbaren Lebenskräfte durch den Stoff hindurchgeflossen, werden die zurückgelassenen Strukturen den mechanisch-chemischen Gesetzen der physischen Materie überlassen. Verwesung, Abbau, Verrottung treten ein. In Luft, Erde, Wasser und Wärme löst sich das Gewordene wieder auf.

Einem Gespenst gleich tanzt leichtfüßig das Pflanzenwesen durch die Stoffeswelt, durch die Welt der Verkörperung. Die Schritte der pflanzlichen Verkörperung erhalten ihren Takt von den rhythmischen Kreisläufen der Sonne, des Mondes und der Planeten.

Bleibt man still, horcht und sinnt, so wird man aus dieser sichtbaren Welt in eine andere entrückt. Himmlische Melodie dringt ans „Ohr" meiner Seele. Eine Harmonie der Sphären.

Tausende bunte Schleier bewegen sich im Rhythmus von Ausdehnung und Kontraktion – Systole und Diastole. In schillernder Gestalt tanzt vor dem inneren Auge Wandel und Werden des Unsichtbaren in schaubarer, faßbarer Form.

»Wer ständig nach dem Wind schaut, kommt nicht zum Säen, wer ständig die Wolken beobachtet, kommt nicht zum Ernten.« *(Koh 11, 4)*

Baum und Mensch. Sie waren von jeher die besten und einander treuesten Freunde.

Immer noch ist der Wald unser wertvollstes Volksgut, unentbehrlicher Kraft- und Stoffspender.

Die Gestalten der Baum- und Strauchwelt stehen uns nahe. Wir vertiefen uns in ihre Eigenarten und Schönheiten, erleben das Erhabene, Wunderbare ihres so geheimnisvollen Seins und Wirkens.

Im Frühling, wenn die Knospen schwellen und sich die Zweige der blühenden Bäume im stummen Jubel dem Bau des Himmels entgegenstrecken.

Im Sommer, wenn Duft und Schatten des Waldes Erholung und Stärkung bieten. Schweigend, in Andacht versunken, wandern wir unter den grünen Wipfeln. Und unser begrenztes Denken verliert sich im Unbegrenzten der Schöpfungsherrlichkeit.

Aber auch im Herbst lieben wir unseren Wald. Wenn der Sturm die Äste der Bäume rüttelt und das Laubwerk in goldener Pracht erglüht.

Ebenso ergreift uns seine winterliche Schönheit. Die kahlen Stämme und Zweige offenbaren ihren kraftvollen Wuchs. Rauhreif breitet Märchenzauber über sie.

»*Ihr aber seid selig, denn eure Augen sehen und eure Ohren hören.*« *(Mt 13, 16)*

Ein Vergleich des heiligen Kirchenlehrers Augustinus: „Im Winter scheinen alle Bäume tot, man sieht das Leben nicht. Und doch, welch großer Unterschied: beim einen ist das Leben wirklich dahin, beim andern ist es nur verborgen.

Das kommende Jahr zeigt es: der eine bleibt tot, der andere zeitigt köstliche Frucht.

So scheinen in diesem Leben die Menschen alle gleich, und doch, welch innere Verschiedenheit!

Das Jenseits bringt es an den Tag."

Das große Staunen dürfen wir uns mit Recht für später aufheben. So wie es die einfache Bäuerin sagte, die in eine große Klosterbibliothek geführt wird. Da hob sie voll Staunen über die Tausende von Büchern ihre Hände zum Himmel und rief:

„Mein Gott, und das alles, was in diesen Büchern steht, werden wir oben einmal wissen!"

Ich will mich in diesem Leben ganz meinem himmlischen Vater anvertrauen, so wie es der heilige Chrysostomus gesagt hat: „Die Schiffgäste schreiben dem Steuermann nicht vor, so oder so das Steuer zu führen und das Fahrzeug nach ihrem Sinn zu lenken, sondern sie bleiben ruhig auf ihren Plätzen und überlassen sich seiner Kenntnis, nicht bloß wenn sie mit günstigem Winde fahren, sondern auch wenn sie die äußerste Gefahr zu bestehen haben.

So sollen auch wir uns der Führung unseres allsorgenden Vaters im Himmel anvertrauen und ihm das Steuer überlassen, mag uns der Fahrtwind günstig scheinen oder mögen wilde Stürme uns umtoben."

»Eine Generation geht, eine andere kommt. Die Erde steht in Ewigkeit.« *(Koh 1, 4)*

Die Hirschbrunft fällt in die Herbstmonate September/Oktober. Sie zu beobachten ist ein so großartiges Natur-Ereignis, daß man es kaum nacherzählen kann.

„Dort auf dem kleinen Holzschlag war es" – las ich im Tagebuch eines verstorbenen Jägers, den ich kannte – „mein Onkel und ich machten ein paar Tage Urlaub, um ein bißchen auszuspannen. Und die Hirschbrunft mitzuerleben.

Die Brunft war im vollen Gange. Von allen Seiten hörte man sie orgeln, röhren und trenzen, daß einem der kalte Schauer über den Rücken lief.

Gibt es etwas Aufregenderes, als diese urigen Laute über Berg und Tal erklingen zu hören?

Es war dunkle Nacht. Wolken und Nebelfetzen jagten einander und überfluteten einem Meer gleich das Tal. Nur selten schimmerte das Licht unseres guten Mondes durch, der die Turmmauer wie eine silbrig gleißende Nadel erstrahlen ließ.

Vom Göller und vom Mittagberg her hörte man sie, die Könige der Wälder. Auch vom Sonnberg tönte ein Grollen durch die Luft, das die Erde erzittern ließ.

Das ist er, der ‚Sonnberger', so hatten wir ihn genannt. Er kam immer näher. Jetzt nahmen wir einen zweiten mit unseren Ohren wahr. Zuerst zaghaft, dann immer stärker werdend. Der Stimmlage nach wohl um einige Jahre jünger, aber doch voll Kampfeslust.

Ein zorniges Aufröhren war die Antwort. Welcher Fremdling wagt sich da ins Brunftrevier?

Uns stockte der Atem. Unsere Herzen drohten stillzustehen.

Sollten wir hier vom Fenster aus eines der wildromantischen Brunftschauspiele miterleben dürfen?

Immer näher kam das Orgeln von beiden Seiten. Unser ‚Sonnberger' spielte scheinbar auf sämtlichen Registern, und der ‚Jüngere' trotzte ihm.

Der Mond lugte wieder einmal hinter einer Wolkendecke hervor. Ich hatte den Verdacht, auch er wolle sich dieses Naturschauspiel, den Kampf der Rivalen, nicht entgehen lassen. Oder hatte er Angst? Denn er verkroch sich sogleich wieder hinter einer Nebelbank, als auch schon das Rumoren begann.

Die Erde bebte von dem Gestampfe, und die Stangen klirrten aneinander. Beide voll Zorn, von Leidenschaft und Liebe erfüllt.

Wer wird Sieger bleiben? Wem gehört der Platz?

Eine Holzplanke des Zaunes wurde zu Boden getrampelt und zersplitterte unter lautem Bersten. – Welcher Elan steckt doch in diesen kraftstrotzenden und in Aufruhr gebrachten Körpern.

Wir lehnten am Fenster und blickten fröstelnd in die Nacht hinaus. An Schlaf war natürlich nicht zu denken.

Wird der Kampf der Gewalten noch lange dauern? Oder naht das Ende? Man spürte förmlich den dampfenden Odem der Tiere, und ihr Geröhre ließ uns erzittern.

Da lösten sie sich. Der ‚Jüngere', vom Kampf verbraucht, gab auf, wurde in die Flucht geschlagen. Am Platz blieb der ‚Sonnberger'. Sein Siegesruf drang schaurig über Wald und Berg.

Mich erfaßte ein Schüttelfrost vor Aufregung. Wie spannend war das doch. Und noch dazu sollte ich morgen früh versuchen, ihn zu erlegen. Aber es wurde nichts daraus. Weil ich versagte und mir – ich gebe es zu – die Nerven einen Streich spielten."

»Herr, was ist der Mensch, daß du dich um ihn kümmerst, des Menschen Kind, daß du es beachtest?

Der Mensch gleicht einem Hauch, seine Tage sind wie ein flüchtiger Schatten.« *(Ps 144, 3–4)*

Torwächter und Türsteher. Einlaß-Verwehrer und Gäste-Empfänger. Sie gibt es auch bei den Menschen. Seit Jahrtausenden.

Aber die eigenartige Methode, daß ein solcher mit dem hart gepanzerten Teil seines Körpers die Tür verschließt, den Eingang tarnt und ihn nur auf ein „Losungswort" freigibt, das bleibt den Ameisen vorbehalten.

In der warmen Jahreszeit, an einem sonnig hellen Tag geschieht es, daß ein mächtiger Schwarm von geflügelten Geschlechtstieren einen Ameisenhaufen verläßt und sich in die Luft erhebt.

Dies hat mit dem Schwärmen der Bienen nichts zu tun, ist davon grundsätzlich verschieden.

Wir wissen, daß sich bei einem Bienenvolk das Volk als Ganzes teilt. Die alte Königin zieht mit etwa der Hälfte der Arbeiterinnen ab. Und der Rest des Volkes bekommt eine neue Königin.

Wenn aus einem Ameisenvolk in ähnlich stürmischer Hast die „Fliegenden Ameisen" entweichen, so sind es die jungen Weibchen und Männchen, die zu günstiger Stunde ihren Hochzeitsflug unternehmen. Und sich miteinander vereinen.

Die Männchen sterben bald darauf.

Die Weibchen stoßen an einer vorgebildeten Bruchstelle nahe der Flügelwurzel die Schwingen ab, da sie ja diese für ihr weiteres Leben nicht mehr benötigen. Jetzt versuchen sie, ein neues Nest anzulegen oder in einer schon bestehenden Kolonie unterzukommen.

Bei selbständiger Koloniengründung ist vorerst die Ameisenkönigin auf sich allein gestellt. Sie sucht ein Versteck oder gräbt sich im Boden eine kleine Höhle. Und verstopft das Eingangsloch von innen.

In dieser Abgeschiedenheit verbringt sie die ersten Monate, bei manchen Arten sogar länger als ein Jahr. Sie lebt während dieser Zeit wie in einem Gefängnis. Legt ein Häufchen Eier und pflegt die Brut. Zehrt zur Hauptsache von der gut entwickelten Flugmuskulatur in ihrer Brust. Diese ist ja überflüssig geworden und zerfällt allmählich.

Die Brut ernährt sie mit dem Sekret ihrer Speicheldrüsen und mit dem Überschuß ihrer Eier, von denen sie sich auch selbst ab und zu eines vergönnt.

Sind die ersten Arbeiterinnen aus den Puppen geschlüpft, dann öffnen sie als erstes die Wohnkammern. Ziehen aus, holen Nahrung und Baumaterial, übernehmen auch alle anderen Arbeiten. Und der neue Ameisenstaat kommt zur Entfaltung.

Manche Ameisenart der Gattung Colobopsis legt ihr Nest im Innern eines Baumstammes an. Die Verbindung mit der Außenwelt ist durch ein Loch hergestellt, das nur so groß ist, daß die Bewohnerinnen gerade noch durchschlüpfen können.

Bei diesen Völkern gibt es in geringer Individuenzahl eine besondere Kaste mit dem Beruf eines Pförtners.

Jene Tiere sind für diesen Wächterberuf geradezu „konstruiert".

Sie besitzen einen verdickten, vorn abgeflachten Kopf. Er paßt genau in das Eingangsloch, das er als „Lebender Stöpsel" verschließt.

Darüber hinaus ist er, soweit von außen sichtbar, so strukturiert und gefärbt, daß man ihn kaum von der Baumrinde unterscheiden kann.

Stundenlang sitzt die „gepanzerte" Pförtnerin da und gibt den Eingang nur für Nestgenossinnen frei, die durch Anklopfen mit den Fühlern Einlaß begehren. Gleichzeitig werden sie aber auch am Geruch als Nestangehörige erkannt.

Wenn das Loch etwas größer ist als der Kopf der Pförtnerin, wird es von den Ameisen mit einer papiermachéartigen Masse verkleinert, bis es genau paßt.

Ist die Öffnung ausnahmsweise sehr groß, dann kann sie von zwei oder drei Pförtnerinnen bewacht und verschlossen werden.

Diese und andere Gewohnheiten haben schon vor Millionen Jahren begonnen und sich bis in unsere Tage fortgesetzt. Ohne Änderung. Ohne Rationalisierung oder Modernisierung. Gesetze, vom Schöpfer diesen Wesen gegeben und treu gehalten.

»Nehmt mein Joch auf euch und lernt von mir; denn ich bin gütig und von Herzen demütig; so werdet ihr Ruhe finden für eure Seele. Denn mein Joch drückt nicht, und meine Last ist leicht.«

(Mt 11, 29–30)

Spuren in der Natur. Sie begegnen uns sehr häufig. Oft fallen sie uns gar nicht auf. Weil uns der Blick dafür fehlt.

Richtig sehen heißt mit Interesse sehen.

Wer als „Naturbursch" erfolgreich sein will, muß vor allem richtig sehen lernen. Er muß „dran und drinn sein". Muß „inter-esse" zeigen.

Interesse führt zum raschen Erfassen des Wesens eines Dinges. Ohne Phantasie kann man nichts Neues finden. Kann nichts entdecken. Wir müssen die Dinge anschauen, als sähen wir sie zum ersten Mal.

Lager und Nester der Säugetiere. Die Freude, um uns herum die Welt zu erforschen, füllt unser Inneres aus. Nur eine volle Seele und ein voller Geist kann glücklich sein. Weil der Glückliche hat und der Unglückliche gerne hätte.

Die hirschartigen Tiere bringen an ihren Lager- und Ruhestellen keinerlei Veränderungen an. Mit Ausnahme des Rehs, das den Boden gelegentlich mit seinen Vorderhufen aufkratzt.

Das Ruhelager der Feldhasen, „die Sasse“, stellt eine natürliche Vertiefung dar, die das Tier manchmal noch etwas ausbaut.

Der Feldhase hat mehrere Sassen. Er verwendet sie je nach Jahreszeit unterschiedlich.

Einige werden regelmäßig aufgesucht, auch über Generationen hinweg.

Es handelt sich um kleine, zum Teil selbst gegrabene Mulden vor einem Hindernis, das Schutz vor dominierenden Winden bietet. Dazu reichen einige Erdschollen aus, denn der Feldhase ist imstande, sich ganz flach an den Boden zu schmiegen.

Beim Feldhasen kann man häufig zwei Sassen auf beiden Seiten einer Hecke finden. Das gibt ihm die Möglichkeit, zu jeder Tageszeit die Sonne aufzusuchen. Im Sommer sind die Sassen vom hohen Gras vollkommen getarnt. Das hat zur Folge, daß viele Junghasen den Mähmaschinen zum Opfer fallen.

Den Kessel der Bache – des weiblichen Wildschweines – können wir schon fast als Nest bezeichnen. Es handelt sich um eine Mulde, die sie vor dem Werfen selber scharrt und mit Ästen und trockenem Gras auskleidet. Geschützt vor scharfen Winden, ist sie oft in Hecken oder von den Zweigen eines Nadelbaumes verborgen. Sie dient den Frischlingen in den ersten drei Lebenswochen als warmer Aufenthaltsort.

Der Lebensraum des Wildschweines sind Laub- und Mischwälder. Diese sollten genügend Deckung bieten und sumpfige Stellen aufweisen. Weil Wildschweine sich gern im Schlamm suhlen, um lästige Plagegeister auf der Haut loszuwerden.

»Ich habe den Herrn beständig vor Augen. Er steht mir zur Rechten, ich wanke nicht. Darum freut sich mein Herz und frohlockt meine Seele; auch mein Leib wird wohnen in Sicherheit.« (Ps 16, 8–9)

Windhauch oder Lebensfülle? Das ist die Frage, die wir uns nie stellen. Weil wir darüber gar nicht nachdenken, oder bloß ausweichen wollen. Alles ist Bewegung. Und wir mitten drinnen. Warum eigentlich? Wohin rennen die Menschen? Das Grab stoppt ohnehin alle Schritte …

Und die der Liebe und der Freude?

Sonnenaufgang und Sonnenuntergang sind nie langweilig. Langweilig ist nur, wer sie verpaßt.

Richtig sehen heißt selbständig sehen.

Wer anderen nachbetet, verrät, daß er Schlaueren leicht zum Opfer fällt. Das Sehen der meisten ist hörig und erstarrt. Wer die Natur erleben will, durch sie leben will und ganz leben will, muß sich daran gewöhnen, nichts als selbstverständlich anzusehen. Nichts kritiklos als gegeben hinzunehmen. Keinen Meinungen oder Seh-Voreingenommenheiten zum Opfer zu fallen. Sondern allen Dingen mit gesundem Menschenverstand selbst nachzuspüren.

»Man kann nichts wegnehmen und nichts hinzutun, unmöglich ist es, die Wunder des Herrn zu ergründen.« (Sir 18, 6)

Gewöhnung an rechtes Sehen führt zur Bildung lebendiger Begriffe. Wir werden hellsichtiger für die Schönheiten der Welt.

Gott liebt uns. Vielfältig. Und überströmend. So wird die Schöpfung zum Spiegel des ewigen Gottes. SEINE Wunderwerke sind unerreicht. In einem Jahrhundert ständiger Neuentwicklungen leben wir. Sind hineingeboren worden. Wer noch nicht vom Angebot der modernen Welt übersättigt ist, dem wird die Natur eine „Goldene Spur" zu Gott hin sein. Denn ...

Richtig sehen heißt Einsicht erlangen.

Heißt, als Letztes und Höchstes ins Innere der Natur schauen. Den Geist des Lebens in und hinter allem wirken sehen.

»*Jedes Ding ist vom andern verschieden, keines von ihnen hat er vergeblich gemacht. Eines ergänzt durch seinen Wert das andere. Wer kann sich satt sehen an ihrer Pracht?*« *(Sir 42, 24–25)*

In diesem Sich-nicht-satt-sehen-Können liegt eine Vor-Ahnung. Mehr kann es nicht sein. Weil es alles Vorstellbare übersteigt, wie vielfältig und überströmend Gott uns liebt.

Weil wir das Alltägliche zu „all-täglich" nehmen und nur das Stoffliche erfassen, bleibt so vieles in uns wirkungslos.

Das beginnt schon bei der Medizin aus dem Garten gleich hinter dem Haus. Unkräuter und sogar die alltäglichen Gemüse entpuppen sich als deine besten Freunde. Die strikte Trennung von Nahrungspflanzen und Heilpflanzen schwindet, wenn wir genauer hinschauen.

»Solange die Erde besteht, sollen nicht aufhören Aussaat und Ernte, Kälte und Hitze, Sommer und Winter, Tag und Nacht.« *(Gen 8, 22)*

Bei den Chinesen, die bekanntlich alles verzehren, was da im Garten wächst und kriecht, ist das selbstverständlich.

Hippokrates formulierte, was früher jede Hausmutter instinktiv wußte: „Laßt eure Heilmittel Nahrungsmittel sein und eure Nahrungsmittel Heilmittel!"

»*Euch aber muß es zuerst um sein Reich und um seine Gerechtigkeit gehen; dann wird euch alles andere dazugegeben.*« *(Mt 6, 33)*

Staunend stehen die Menschen vor der Auslage eines Uhrmachers. Unter einem Glassturz ist da eine Uhr mit der Aufschrift: „Geht ohne Aufziehen 400 Tage!" Jeder bewundert die Uhr und den, der sie hergestellt hat.

Die unendlich schönere, kompliziertere Weltenuhr aber braucht nie aufgezogen werden! Sie „geht" seit Milliarden von Jahren. Wie weise, wie mächtig muß doch der Schöpfer der Welt sein!

Heute noch redet man von den „Sieben Weltwundern" der Antike: Die ägyptischen Pyramiden. – Die hängenden Gärten der Semiramis in Babylon. – Der Tempel der Artemis zu Ephesus. – Das Kultbild des Zeus von Olympia. – Das Mausoleum zu Halikarnassos. – Der Koloß von Rhodos. – Der Leuchtturm der Insel Pharos bei Alexandria.

Aber was sind diese Sieben Weltwunder von Menschenhand im Vergleich zu Gottes Weltwundern im Werk der sieben Tage: Wunder der Größe und der Kleinheit. Der Schönheit und der Fülle. Der Menge und der Mannigfaltigkeit. Der Kraft und der Dauer. Der Geheimnisse des Lichtes und des Lebens.

»Das Leben eines Menschen dauert höchstens hundert Jahre. Wie ein Wassertropfen im Meer und wie ein Körnchen im Sand, so verhalten sich die wenigen Jahre zu der Zeit der Ewigkeit.« (Sir 18, 9–10)

Wieviel Zeit und Anstrengung haben doch all die vielen Proben unseres technischen Könnens gekostet!

Am Sankt-Gotthard-Tunnel – fünfzehn Kilometer – wurde drei Jahre gearbeitet. Am Arlbergtunnel – zehn Kilometer – vier Jahre. Am Simplontunnel – zwanzig Kilometer – sieben Jahre. Am Bau des Panamakanals – 81 Kilometer lang und etwa dreizehn Meter tief – brauchten 44.000 Arbeiter bis zur Fertigstellung 32 Jahre.

Wie lange mag es wohl gedauert haben, bis die Pyramiden erbaut und die Chinesische Mauer fertiggestellt waren! Und wie war das bei Gott und SEINEM Werk der Schöpfung? Das Psalmwort gibt uns klare Antwort:

»Denn der Herr sprach, und sogleich geschah es; er gebot, und alles war da.« (Ps 33, 9)

Der Odem Gottes. Ist ein Hauch, der belebt. Die Starrheit nimmt. Alles mit Leben durchwirkt. Im Atmen SEINE Bildkraft tätigt.

Spätherbsttage im Hochland. Wenn der Nachsommer träumt von den schönsten Stunden seiner Jugend.

Unten im Tiefland der Strom im schweigenden Lauf durch die Landschaft seufzt. Weil der Morgennebel alles niederdrückt und unterdrückt, was Lust und Begierde erwecken könnte. Und ihn lange noch ein dichtgewobener Dunststreifen begleitet.

Oben aber geht unterdessen am wolkenlosen Himmel die Sonne auf, rein und keusch. Denkt nicht daran, vor dem Abend auch nur einen Deut ihrer Kraft zurückzuhalten.

Das dankt ihr der Birkenwald und mancher Schwarzdornbusch. Mit seinen gierigen Armen versucht er alles zu ergreifen und festzuhalten, was sich ihm unvorsichtig und gutgläubig nähert.

Das Bergrüster-Gewirr freut sich mit. Denn ihrer aller Blätter sind noch frischgrün. Währenddessen sich unten in den Obstgärten der Herbstwind zu schaffen macht. Die Bäume schüttelt, Blätter in wilder Jagd durch die Gegend pustet. Mit manchem Hut seinen Schabernack treibt, die Haarlocken der Kleinen als Spielzeug betrachtet und die Muskeln der Buben stärkt, wenn er ihnen wild in ihre „Drachen" springt.

Am Wegrand stand eine Distel. Sie hatte einen schönen, runden Kopf. Die Stürme konnten ihr nichts anhaben. Der Regen hat sie nur noch kräftiger gemacht, die Sonnentage des Sommers sie endlich zur Blüte gebracht.

Stolz hielt sie ihren Kopf in die Höhe und wiegte ihn wohlgefällig im Winde. Sie meinte, es könnte niemand vorübergehen, ohne sie zu bewundern.

Da kam eines Tages ein Bub des Weges. Er trug eine Weidenrute in der Hand und schlug ihr lässig, mit leichter Bewegung den Kopf ab.

Der rollte auf den Weg. Wurde zertreten und von der Sonne gedarrt.

Klagend wandte sich die Unglückliche an den Schöpfer: „HERR, wie kannst DU das zulassen. Für nichts bin ich mehr gut. Am Boden liege ich."

„Warte, mein Kind. Sei nicht ungehalten. Warte zu. Und laß mich nur walten."

Die Distel schenkte den Worten des HERRN Vertrauen. Der Winter kam, Schnee fiel herab. Der Frühling tanzte ins Land, und überall in der Gegend sprossen junge Distelkinder aus dem Boden. Als ihre roten Köpfe grau wurden vom Alter und der Wind sie hin und her bewegte, verloren sie alle ihre Haare und standen kahlköpfig da. Als Greise.

Der Distel des Vorjahres hatte es der HERR zugeflüstert. Eine Flugvorrichtung will ER den Samenkörnern konstruieren, damit der Wind sie forttragen kann. Und Disteln wachsen. Weil sie trotz ihrer Dornen SEINE Geschöpfe sind. Und der Wind ist ihr Bruder.

»Gott trägt uns, er ist unsre Hilfe.« *(Ps 68, 20)*

Nebel vor meinen Augen. Dunkle Wolken am Himmel. Schnee hüllt die Landschaft ein. Glatteis verwandelt die Straße in einen Eislaufplatz. Regen fällt vom Himmel, macht alles düster und traurig. Wir schimpfen über das Wetter. Warum und wozu?

Das Lachen ist gut. Sich ärgern ist schlecht. Doch der Weise weiß im Ärger zu lernen und in der Freude zu wachsen.

»Dann sollst du fröhlich sein und dich freuen über alles Gute, das der Herr, dein Gott, dir und deiner Familie gegeben hat.« *(Dtn 26, 11)*

Ein Bauer, so erzählt eine alte Legende, begegnete einmal auf seinem Weg zum Feld dem lieben Gott. Der fragt ihn, wie er mit dem Wetter zufrieden sei.

Das war gerade die rechte Frage für unseren Bauern. Denn mit dem Wetter, das der liebe Gott macht, war er schon lange nicht mehr zufrieden.

Er klagte also kräftig sein Leid und hob dann an zu erklären, wie eigentlich das Wetter sein müßte, wenn alles gut geraten sollte.

„Gut", sagte der liebe Gott, „ich sehe schon, das beste ist, du nimmst die Sache selber in die Hand. Du kannst dir also für dieses Jahr das Wetter selber machen, dann wird es sicher so, wie du es haben willst."

Der Bauer ließ sich das nicht zweimal sagen, und siehe, er bekam das Wetter genau, wie er es haben wollte. Er ließ es regnen, er ließ die Sonne scheinen, ganz wie es ihm am besten dünkte. Und es war eine Pracht, wie diesmal alles gedieh.

Das Korn schoß in die Halme wie noch nie. Es blühte, daß es eine Freude war.

Auf einmal aber merkte der Bauer, daß es keine Frucht ansetzte. Eines hatte er vergessen, den Wind. Den großen Meister der Bestäubung.

Die Ernte war für dieses Jahr verloren.

Aber ein Gutes hatte dieses große Unglück doch: Er ließ von da an wieder Gott das Wetter machen.

Auch dann, wenn es einmal nicht nach seinem Geschmack war.

»*Schau den Regenbogen an, und preise seinen Schöpfer; denn überaus schön und herrlich ist er.*

Über den Himmelskreis erstreckt er sich in seiner Pracht, Gottes Hand hat ihn machtvoll ausgespannt.« *(Sir 43, 11–12)*

Die alles umfassende Liebe Gottes. Sie geht von IHM aus. Durchdringt alles, formt und gestaltet. Sie wird zum unüberhörbaren Widerhall SEINES Verschenkens. Läßt alles sprechen. Die Pflanzen. Die Bäume. Die Tiere. Verbirgt sich in den vier Jahreszeiten, diesen prägnant und geistreich formulierten Gedanken. Zur Symphonie werden sie. Ein Zusammenstimmen. Ein Ein-Klang.

Im Umschwung des Wetters hält uns der Schöpfer unsere Fühligkeit vor Augen. Manche ganz-fein-fühlende Menschen betrachten sie sogar als ein Leiden, eine Krankheit: die Wetter-Fühligkeit.

Nein. Ein Bravo ist es für dich. Weil die Saiten deiner Seele, die „Sensibilität", noch fähig sind, zu erklingen.

Du bist ausgetrocknet und lechzt nach einem Trunk Wasser. Erinnere dich dann der Worte Jesu:

»Wer von diesem Wasser trinkt, wird wieder Durst bekommen; wer aber von dem Wasser trinkt, das ich ihm geben werde, wird niemals mehr Durst haben; vielmehr wird das Wasser, das ich ihm gebe, in ihm zur sprudelnden Quelle werden, deren Wasser ewiges Leben schenkt.« *(Joh 4, 13–15)*

Du durchwanderst Feld und Wald, die Wiesen und Almen. Steigst auf die Berge hoch empor. Schaust hinunter auf das endlose Meer.

Menschliche Liebe ist oft getarnte Habsucht. Liebe aber, die sich verschenkt, ist Zeichen geistiger Größe. Sie kommt aus geschenkter Gnade.

Liebe kann sich nicht verschweigen. Wer liebt, muß sich andern mitteilen und seine Liebe kundtun.

Liebe sucht Erfüllung. Deshalb ist die Liebe eine Kraft, die den Menschen vorantreibt. Ihre Erfüllung ist Gott selbst.

Gott breitet SEINE ganze Liebe in der Schöpfung aus. Will uns umarmen, an sich ziehen. Damit wir ganz IHM gehören. Nicht verlorengehen.

Das ist die Kraft, die unermeßliche, die von außen kommt.

Verlieb dich in die Natur.

Schenk dich ihr.

Und du wirst am Herzen Gottes ruhen.

Diese Liebe suche ich. Aus ganzer Seele. Deswegen liebe ich die Naturwelt mit jeder Faser meines Seins. Weil ich Gott über alles liebe. Amen.

»Gott, du mein Gott, dich suche ich, meine Seele dürstet nach dir.

Nach dir schmachtet mein Leib wie dürres, lechzendes Land ohne Wasser.« (Ps 63, 2)

Ein mutig Herz ist der beste Reisegefährte. Auf unserem Lebensweg gibt es viele grüne Orientierungsschilder. In einer ganz persönlichen Sprache beschriftet, die nur entziffern kann, wer mit dem Herzen schauen und mit seiner Seele hören kann. Dann erst wird alles „lebend", „empfindend" und „verstehend".

Seele. Ja. Da haben wir aber nur eine. Und diese ist unteilbar.

In dieser Seele gibt es verschiedene Stufen der Vollkommenheit, die sie befähigen, gewisse Dinge zu meiden. Oder sich mit ihnen zu vereinigen. Diese Eigenschaft oder Fähigkeit der Seele beeinflußt sehr stark unser Verhältnis außerhalb unser selbst. Vor allem auch das Sich-hingezogen-Fühlen oder das Abgestoßen-Werden vor den Wesen und Geschöpfen in der Naturwelt.

Von Natur aus besteht eine gegenseitige Abneigung zwischen dem Menschen und der Schlange. Mensch und Lamm aber haben eine Zuneigung zueinander.

Diese Zu- oder Abneigung rührt nicht von der Erfahrung her, daß etwas nützt oder schadet, sondern von einer verborgenen und geheimen Eigenheit, die den Menschen bestimmt, gegen manche Dinge Abneigung, für manchen dagegen Zuneigung zu empfinden.

Auch von der Schlange gilt das Wort in der Schöpfungsgeschichte:

»Gott sah alles an, was er gemacht hatte: Es war sehr gut. Es wurde Abend, und es wurde morgen: der sechste Tag.« (Gen 1, 31)

Nachdem aber der böse Geist sich dieser Kreatur bemächtigt hatte, um unsere Stammeltern zu verführen, ist sie vom Fluch, den der Schöpfer über den Satan aussprach, besonders stark mitbetroffen.

»Da sprach Gott, der Herr, zur Schlange: Weil du das getan hast, bist du verflucht unter allem Vieh und allen Tieren des Feldes. Auf dem Bauch sollst du kriechen und Staub fressen alle Tage deines Lebens.« (Gen 3, 14)

Das Urteil „Du sollst Staub fressen“ bedeutet die tiefste Erniedrigung und Demütigung. Staub ist nämlich nach Vorstellung der Antike die Nahrung der Unterweltsbewohner. „Staub fressen“ oder auch „Kot fressen“ heißt darum „zur Hölle hinabfahren“ oder „verflucht sein“. So ist heute noch von den Tieren, deren Symbolik die grellsten Kontraste aufweist, die Schlange eine der wichtigsten.

Die Schafe heißen im Griechischen „Vorangetriebene“. Ich schreite voran, setze einen Fuß vor den anderen. Eine sprechende Bezeichnung für die Tiere, die ruhig weitergehend ihre Nahrung suchen. Ihre Haupteigenschaften sind Einfalt, Unschuld, Sanftmut und geduldiges Schweigen beim Scheren und Schlachten.

Von besonders typischer Bedeutung war das Passahlamm. Sein Blut strichen die Israeliten auf göttliche Anordnung hin an die Türpfosten und Schwellen ihrer Häuser, um vom Würgengel verschont zu werden, der alle Erstgeburt der Ägypter tötete.

Das Fleisch dieses Lammes sollten sie in der Pilgerkleidung, stehend und eilends, verzehren. Und diesen Ritus zum Gedächtnis der Wundertaten Gottes beim Auszug aus Ägypten alljährlich wiederholen.

Beim Ostermahl setzte Christus die heilige Eucharistie ein. Und ER starb zu der Stunde, da im Tempel zu Jerusalem die Lämmer geschlachtet wurden.

„Die Sonne verdunkelte sich. Der Vorhang im Tempel riß mitten entzwei, und Jesus rief laut: Vater, in deine Hände lege ich meinen Geist. Nach diesen Worten hauchte er den Geist aus.“ *(Lk 23, 45–46)*

Die Gnade Gottes ist ein kurzes Wort. Mit breiter, tiefer, herzerfrischender Aussage. Es ist das Urwort des christlichen Glaubens, ein Schlüsselbegriff der Heiligen Schrift.

Gott geht in unverfügbar-freier Huld auf den Menschen zu. Er bietet ihm ohne alle Voraussetzung Freundschaft und Hilfe an. Schenkt ihm Leben. Verheißt größeres Leben, die Fülle des Lebens in Gemeinschaft mit sich. Und begleitet ihn auf dem Weg zu diesem Ziel. Dabei bleibt Gott dem Menschen treu, auch wenn dieser untreu wird.

In Jesus Christus erreicht diese Zuwendung Gottes zum Geschöpf ihren Höhepunkt. Gott tritt selbst in den Bereich menschlichen Lebens ein. Um dem Menschen Bruder zu sein.

»Die Liebe Gottes ist ausgegossen in unsere Herzen durch den Geist, der uns geschenkt wurde.«

(Röm 5, 5)

Der Heilige der Sanftmut, Franz von Sales, hat gesagt: „Je mehr die Gnade uns vergöttlicht, desto mehr vermenschlicht sie uns."

Die Gnade zerstört nicht die Natur.

Die Gnade veredelt die Natur.

Nichts läßt so sehr das Wirken der Gnade ausstrahlen wie das Edle. Das Großherzige. Das Ausgeglichene. Das Ruhige. Das Gütige. Das Verständnisvolle. Das Wohlwollende. Das Zuvorkommende. Im Christen.

Gottes Liebe strahlt aus. Umfängt alles Geschaffene. Durchtränkt es mit dem Kusse seiner göttlichen Lippen.

Wir stehen da. Schauen. Bewundern. Berauschen uns am süßen Wein göttlichen Verschenkens.

HERR! Sei mir, dem armen Sünder gnädig!

Spiegelbild der Allmacht Gottes. Das ist die Kraft in der Natur.

Im alten Griechenland hatte der Spiegel eine hohe Bedeutung. Er war das Bild des durchsichtigen, lichterfüllten Äthers, in dem die Gottheit ihr Ebenbild betrachtet, um nach ihm alle Dinge der Schöpfung zu gestalten.

Der Spiegel gehörte zu den Mysteriensymbolen des Dionysos. Man gab darum den „Eingeweihten" Spiegel mit ins Grab. Oder malte solche auf ihre Aschenurnen.

Die kosmische Idee zeigt sich hier in ihrer Übertragung auf das Psychische: Die vom Körper losgelöste Seele erkennt im Spiegel des Dionysos ihre Befreiung von der Materie, ihren Aufstieg zu einem geistigen, unsterblichen Dasein. Die Bildsprache des Spiegels ist also hier eindeutig eine religiöse.

In der Heiligen Schrift erreicht sie ihren Höhepunkt, indem sie erhabene Wahrheiten zum Gegenstand hat.

Um die Wesenheit des Logos, des „Fleischgewordenen Wortes, Jesus Christus" mit dem Vater anzudeuten.

»*Die Weisheit ist der Widerschein des ewigen Lichts, der ungetrübte Spiegel von Gottes Kraft, das Bild seiner Vollkommenheit.*« *(Weish 7, 26)*

Jesus Christus bestätigt dies auf ganz eindeutige und klar verständliche Weise, indem er sagt:

»*Wer mich gesehen hat, hat den Vater gesehen.*« *(Joh 14, 9)*

Vor Zeiten zeigte einmal ein Fürst einem auswärtigen Gesandten die Schönheit und Sicherheit seines prächtigen Schlosses.

Der Hofnarr, der nach damaliger Sitte dem Fürsten überallhin folgte und bekanntlich volle Redefreiheit hatte, sprach: „Euer Gnaden, rühmt Euch nur nicht zu sehr mit Eurem Hause! Euer Haus kann leicht fest stehen; es hat tüchtige Pfeiler und feste Grundmauern. Aber schaut einmal zum Himmel hinauf!

Der HERR dort oben braucht für sein unermeßliches Gewölbe weder Pfeiler noch Grundmauern. Er hält alles durch seinen bloßen Willen zusammen.

Vor einem solchen Herrn habe ich Respekt."

ER stützt und hält mein und dein Leben.

Die selige Angela von Foligno, durfte einmal – während sie sich in der Kirche befand – die Allmacht Gottes schauen.

Sie hörte innerlich die Worte: „Ich will dir meine Macht offenbaren."

Was dann geschah, erzählt sie selber:

„Im gleichen Augenblick wurde der Blick meiner Seele aufgetan, und ich schaute eine Gottesfülle, in der ich die ganze Welt zusammengefaßt sah: die Welt diesseits und jenseits des Meeres, See und Abgrund und alle Dinge, die in einer unaussprechlichen Weise Gottes Allmacht bezeugen.

Voll Staunen rief die Seele aus: Wie ist die Welt doch ganz von Gott erfüllt!

Und ich betrachtete die ganze Welt als etwas Kleines. Auch sah ich die Macht Gottes über alles hinausragen und alles erfüllen."

Gott aber sprach zu ihr: „Ich habe dir einen Teil meiner Macht gezeigt, jetzt wirst du meine Demütigung erblicken."

„Da sah ich", fährt sie fort, „Gott vor den Menschen und vor allen anderen Dingen so tief gedemütigt, daß die Seele vor solch unbeschreiblicher Allmacht und im Anblick einer so tiefen Erniedrigung in Staunen geriet, sich selbst als Nichts betrachtete und nur lauter Hoffart in sich gewahrte."

Es war wohl ein Zugeständnis der Kirche an einen naiven Volksglauben, wenn sie im Mittelalter eine Segnung von Spiegeln einführte, die als Sinnbilder des Lichtes und der Klarheit Augenleiden aller Art heilen sollten. Die Formel der Benediktion lautete:

„Allmächtiger, ewiger Gott, würdige dich, diesen Spiegel zu segnen, auf daß jeder Gläubige, der in diesen Spiegel schaut, deinen heiligen Namen anruft, auf diese heiligen Worte der Weihe vertraut und fest an dich glaubt, von allen Übeln und Schmerzen der Augen und von Blindheit gänzlich befreit und zugleich von teuflischen Plagen und Versuchungen frei werde."

Diese Weihe wurde gewöhnlich am Aschermittwoch vorgenommen, vielleicht auf Grund der Symbolik: Der Mensch soll ja, besonders in der Fastenzeit, das Antlitz seiner Seele prüfen und reinwaschen.

Auf meinem Schreibtisch liegt ein kleiner runder Taschenspiegel, der auf der Rückseite die sinnvollen Worte trägt: „In diesem Spiegel sehen Sie einen toleranten, gütigen, freundlichen Menschen unserer Pfarre."

Ob das stimmt, wenn ich hineinschaue?

Oder? Willst du hineinschauen?

Lob sei Dir, Du Herre mein,
mit allen Deinen Geschöpfen …

„Wie der Hirsch lechzt nach frischem Wasser, so lechzt meine Seele, Gott, nach dir." *(Ps 42, 2)*

Ein lebendiger Ausdruck der Sehnsucht nach Gott. Und deswegen in der Taufliturgie verwendet. Im Kampf des Hirsches mit seinen Rivalen sah die Antike ein Bild des Ringens zwischen Licht und Finsternis, zwischen guten und bösen Gewalten. Im Geweih ein Bild der Lichtstrahlen.

Das „Röhren" durchzieht die Herbstnächte wie Orgelklang. Da lockt der Hirsch die Hindinnen heran, fordert zugleich die Rivalen zum Kampf heraus.

Der Hirsch ist zum Symbol des Lichtes geworden. Schwer fällt es uns heute, sich in das naturverbundene, magische Denken der Urahnen einzufühlen. Wir können IHM nur tastend nachspüren, was in der Mythologie die Naturdinge und -vorgänge eigentlich bedeuteten.

Lob sei Dir, Du Herre mein,
mit allen Deinen Geschöpfen, zumal dem Herrn Bruder, der Sonne, denn er ist der Tag, und spendet das Licht uns durch sich. Und er ist schön und strahlend im großen Glanz. Dein Sinnbild trägt er, Du Höchster …

„Denn einst ward ihr Finsternis, jetzt aber seid ihr durch den Herrn Licht geworden. Lebt als Kinder des Lichts! Das Licht bringt lauter Güte, Gerechtigkeit und Wahrheit hervor." *(Eph 5, 8–9)*

Die Sonne ist nach dem heiligen Ambrosius „das Auge der Welt, die Freude des Tages, des Himmels Schönheit, die Anmut der Natur, das bedeutendste unter den leblosen Geschöpfen."

Als immateriellste Erscheinung der gesamten Schöpfung eignet sich das Licht besonders, Symbol der Geistigkeit Gottes zu sein.

»Das ist die Botschaft, die wir von ihm gehört haben und euch verkünden: Gott ist Licht, und keine Finsternis ist in ihm.« (1 Joh 1, 5)

Franz von Assisi legte die Gürtelschnallen seines Weltkleides ab. Gürtete sich mit der klaren Schau. Schenkte uns den Sonnengesang.

Lob sei Dir, Du Herre mein, durch die Schwester, den Mond, und die Sterne am Himmel hast du sie gebildet hell leuchtend und kostbar und schön ...

»Dann sprach Gott: Lichter sollen am Himmelsgewölbe sein, um Tag und Nacht zu scheiden. Sie sollen Zeichen sein und zur Bestimmung von Festzeiten, von Tag und Jahren dienen.« (Gen 1, 14)

Die Heilige Schrift sagt von den Himmelskörpern ausdrücklich, daß Gott sie zu Zeitzeichen erschaffen hat. Der Mond, als „kleine Leuchte", sollte der Nacht vorstehen.

Christus ist der Morgenstern, der keinen Untergang kennt. Der aus dem Totenreich wiederkehrt. Dem Menschengeschlecht aufleuchtet in mildem Glanz.

Lob sei Dir, Du Herre mein, durch Bruder Wind und durch Lüfte und Wolken und heiteren Himmel und jegliches Wetter, durch welches Du Deinen Geschöpfen den Unterhalt gibst …

»*Rede als Prophet zum Geist, rede, Menschensohn, sag zum Geist: So spricht Gott, der Herr: Geist, komm herbei von den vier Winden! Hauch diese Erschlagenen an, damit sie lebendig werden.*« *(Ez 37, 9)*

Bei Ezechiel, dem Propheten, ist der „Wind“ Sinnbild des göttlichen Lebensodems, der die verdorrten Totengebeine wieder erweckt.

Vorbild sowohl der künftigen Auferstehung des Fleisches als auch der geistigen Wiedergeburt der Seelen zum Gnadenleben, das sie durch die Sünde verloren hatten. Dieser Schriftabschnitt zählte zu den Zwölf Prophetien, die in der Osternacht die letzte Vorbereitung der Katechumenen auf den Taufempfang bildeten.

Im Gespräch mit Nikodemus will Christus den jüdischen Ratsherrn über das Geheimnis der Wiedergeburt aus Gott aufklären. Dabei gebraucht er einen Vergleich:

»*Der Wind weht, wo er will; du hörst sein Brausen, weißt aber nicht, woher er kommt und wohin er geht. So ist es mit jedem, der aus dem Geist geboren ist.*« *(Joh 3, 8)*

Wind und Geist sind unsichtbar und nur aus ihren Wirkungen zu erkennen. Beide folgen ihren eigenen Gesetzen.

Der Wind weht, wo er will, der Geist Gottes teilt sich mit, soweit es IHM gefällt.

Im Sturmwind offenbarte sich auch die Vollendung aller Gotteswerke in der Zeit, als die Apostel und Jünger am Pfingstfest mit der Mutter Jesu und den heiligen Frauen im Coenaculum zu Jerusalem den verheißenen Tröster erwarteten.

»*Da kam plötzlich vom Himmel her ein Brausen, wie wenn ein heftiger Sturm daherfährt, und erfüllte das ganze Haus, in dem sie waren. Und es erschienen ihnen Zungen wie von Feuer, die sich verteilten; auf jeden von ihnen ließ sich eine nieder. Alle wurden mit dem Heiligen Geist erfüllt und begannen, in fremden Sprachen zu reden, wie es der Geist ihnen eingab.*« *(Apg 2, 2–4)*

Ohne Wolken kein Gedeihen. Bald eilen sie dahin, bald stehen sie wie drohende Riesen am Himmel. Dann wieder lagern sie droben gleich einer Herde weißer Schäflein. Oder leuchten beim Auf- und Untergang der Sonne in herrlichster Farbenpracht, so als kämen sie aus einer anderen Welt.

Der HERR hat im Alten Bund die Wolke zu einem wahren, heiligen Symbol, zum Sitz und sichtbaren Zeichen SEINER Gegenwart gemacht.

Sie gab Schatten vor der Sonne, bot Schirm und Schutz den von Feinden Verfolgten und änderte ihre Gestalt je nach den Umständen.

Bei der Gesetzgebung auf dem Berge Sinai aber wurde sie zur schweren, vom Blitz durchzuckten Gewitterwolke, so daß die Israeliten vor Schrecken erbebten.

Im Neuen Testament war es eine „lichte Wolke“, die bei der Verklärung Christi auf dem Berg Tabor die himmlische Vision den Augen der drei Apostel wieder entzog.

»Während Jesus noch redete, kam eine Wolke und warf ihren Schatten auf sie. Sie gerieten in die Wolke hinein und bekamen Angst. Da rief eine Stimme aus der Wolke: Das ist mein auserwählter Sohn, auf ihn sollt ihr hören.« (Lk 9, 34–35)

Lob sei Dir, Du Herre mein,
durch die Schwester, das Wasser, gar nützlich ist sie und demutsvoll und köstlich und keusch …

»Im Anfang schuf Gott Himmel und Erde; die Erde aber war wüst und wirr, Finsternis lag über der Urflut, und Gottes Geist schwebte über dem Wasser.« (Gen 1, 1–2)

Beim Werden der Natur schon schwebt Gottes Geist über den Wasserfluten.

Als Johannes, der Vorläufer des HERRN, im Jordan taufte, war sein Tun unmittelbare Vorbereitung auf das Größte, das sich nun vollziehen sollte.

»Zusammen mit dem ganzen Volk ließ auch Jesus sich taufen. Und während er betete, öffnete sich der Himmel, und der Heilige Geist kam sichtbar in der Gestalt einer Taube auf ihn herab, und eine Stimme aus dem Himmel sprach: Du bist mein geliebter Sohn, an dir habe ich Gefallen gefunden.« (Lk 3, 21–22)

Lob sei Dir, Du Herre mein, durch unsere Schwester, die Mutter Erde, die uns ernährt und lenkt …

»*Da formte Gott, der Herr, den Menschen aus Erde vom Ackerboden und blies in seine Nase den Lebensatem. So wurde der Mensch zu einem lebendigem Wesen.*« *(Gen 2, 7)*

Zwei Gegensätze: „Himmel“ und „Erde“. Die Welt der unsichtbaren Geister und unser Planet als Teil des sichtbaren Universums. Die Erde ist das Untere, Niedere. Der Himmel das Hohe, über ihr Stehende. Beide aber sind geschaffen zur Verherrlichung des Schöpfers. Aus dieser Erde, die alle Mineralien enthält, ließ Gott nach den Worten der Genesis alle organischen Wesen hervorgehen: die Menschen, die Pflanzen, die Tiere.

Die Fleischwerdung Christi ist Teilnahme an der Erde, Zeichen SEINER kosmischen Verbundenheit. Mit dieser Erde wird nun SEIN toter Leib verbunden. Er ruht in ihr. Wenn ER dann aus dem Schoß der Erde wiederkehrt, hat ER den tödlichen Charakter des Kosmos überwunden und die Erde zum Mutterschoß gemacht.

Sinnvoll ist die Bezeichnung „Gottesacker“. Durch die Weihe erhält die materielle Erdscholle eine eigene Segnung. Und die Worte, die der Priester beim christlichen Begräbnis spricht, haben im Hinblick auf die Auferstehung Jesu Christi nur den Charakter des Dankens; Schlußpunkt sind sie nicht. „Aus Erde bist du, zur Erde kehrst du wieder zurück.

Das Ewige Licht leuchte dir.“

Lob sei Dir, Du Herre mein, durch unsere Schwester, die Mutter Erde, die mannigfaltige Frucht trägt und buntfarb'ne Blumen und Kräuter …

»*Alles Sterbliche ist wie das Gras, und all seine Schönheit ist wie die Blume auf dem Feld.*

Das Gras verdorrt, die Blume verwelkt, wenn der Atem des Herrn darüberweht, doch das Wort unseres Gottes bleibt in Ewigkeit.« *(Jes 40, 6; 8)*

Blumen sind Kinder des Lichtes, die ihren Kelch der Sonne öffnen. Sind Boten und Sinnbild des Frühlings. Sind der Hochzeitsschmuck der erwachenden Natur. Die Hoffnung auf kommende Frucht. Ein verbliebenes Stück vom verlorenen Paradies.

Jede Blume ist ein geometrisches Kunstwerk. Nichts Starres, nichts Steifes. Nur Grazie und Lieblichkeit, Duft und Farbenpracht in Mannigfaltigkeit.

Die Blume gilt als Bild der Vergänglichkeit alles Irdischen und der Kürze des Menschenlebens.

Kränze auf die Totenbahre und Blumen auf das Grab. Damit soll nicht die Vergänglichkeit unterstrichen werden – der Tod allein spricht schon laut genug. Hier liegt der Gedanke zugrunde, die Liebe für die Dahingeschiedenen zu zeigen, ihnen eine letzte Ehre zu erweisen. Und die Furchtbarkeit des Todes zu verschleiern.

Nach tieferer christlicher Auffassung sollte man den Brauch in einem höheren Sinne deuten: Darin Auferstehungshoffnung, ewigen Frühling und himmlische Paradiesfreuden versinnbildlicht sehen.

Damit ist der Kernpunkt der christlichen Blumensymbolik berührt:

»Doch aus dem Baumstumpf Isais wächst ein Reis hervor, ein junger Trieb aus seinen Wurzeln bringt Frucht. Der Geist des Herrn läßt sich nieder auf ihm: Der Geist der Weisheit und der Einsicht, der Geist des Rates und der Stärke, der Geist der Erkenntnis und der Gottesfurcht.« (Jes 11, 1–2)

Christus selbst ist die aus dem Reis der Wurzel Jesse entsprossene Blume. Als Bräutigam der Kirche spricht ER im Hohenliede:

»Ich bin die Blume auf den Wiesen des Scharon, eine Lilie der Täler.« (Hld 2, 1)

Erkenntnis des Geistes. Ein Strom der Erneuerung ergießt sich über die Christenheit. Betende Herzen. Betende Menschen. Kommen dem Himmel näher. Gott und Mensch wachsen zusammen. Weil im Wissen um den Geist alles Wissen des Menschen zur „sapientia“, zur Weisheit wird.

Heiliger Geist als das „andere Ich“ von Vater und Sohn. ER gilt als der uns „allernächste Gott“. In IHM kommt Gott uns nahe und entgegen, wird ER uns unmittelbar gegenwärtig.

Der Geist macht zugleich den Sinn des Menschen für Gottes Gegenwart aus. Diese Gegenwart ist nicht etwa hoch in den Wolken hineingerufen, eine imaginäre Vorstellung. Nein.

Die Gegenwart Gottes in Raum und Zeit ist eine zutiefst persönliche Beziehung. Besagt ein Da-Sein. Ein Für-Sein. Ein Mit-Sein. Ein Gegenüber-Sein.

» Da sagte Moses zu Gott: Gut, ich werde also zu den Israeliten kommen und ihnen sagen: Der Gott eurer Väter hat mich zu euch gesandt. Da werden sie mich fragen: Wie heißt er? Was soll ich ihnen darauf sagen? Da antwortete Gott dem Mose: Ich bin der ‚Ich-bin-da'. Und er fuhr fort: So sollst du zu den Israeliten sagen: Der ‚Ich-bin-da' hat mich zu euch gesandt. « *(Ex 3, 14)*

Der „Ich-bin-da" hat in bezug auf mein ganz persönliches Leben nicht nur Gegenwart, ER ist Gegenwart. Wo ER ist, da ist Gegenwart.

Der gegenwärtige Gott ist der gegen-über-währende Gott.

ER ist geradezu das Geschenk der Gegenwart.

Der Heilige Geist gilt als Gabe. Ja, als Geschenk Gottes schlechthin. ER begründet eine Spiritualität des Bittens, Gebens und Empfangens. Es gehört zum Wesen des Geistes, daß der Vater ihn gibt.

» Wenn nun schon ihr, die ihr böse seid, euren Kindern gebt, was gut ist, wieviel mehr wird der Vater im Himmel den Heiligen Geist denen geben, die ihn bitten. « *(Lk 11, 13)*

In der gotischen Domkirche von Bourges in Mittelfrankreich gibt es ein Fenster mit großartigen Glasscheiben. Es öffnet sich im Südosten der Kathedrale zum Morgenlicht und ist 700 Jahre alt.

Versinkt am späten Nachmittag die Sonne im Westen, scheint das Fenster ein bunter, aber ruhiger Teppich zu sein.

Ist die Sonne heimgegangen, hat ihre Lichtlein gelöscht und es wird schon spät am Abend, so gleicht das Kirchenfenster einem dunklen Brett.

Wird am Morgen der Tag wieder neu geboren, wandert die aufgehende Sonne mit ihren Strahlen durch das Glas und erobert allmählich seine Randzonen, dann ergibt sich ein aufregendes Bild.

In blitzendem Lichte sieht man den Auferstandenen als König auf einem Thron aus rotem und blauem Licht sitzen. Eine rot umrandete Architektur, die an ein vierblättriges Kleeblatt erinnert, umgibt ihn.

Aus dem dunklen Hintergrund leuchten rot die Sterne, und von den Händen Christi geht ein blutroter Feuerstrom aus.

Dieses Feuer ergießt sich auf die zu Füßen des Thrones stehenden Apostel.

Blut und Feuer. Blutrotes Feuer. In diesem vielleicht schönsten aller gotischen Glasfenster ist ein Bildzeichen. Für den Heiligen Geist, den Gott der Vater und Christus aus der Ewigkeit her unaufhörlich in die lebendigen Glieder der Kirche gießen.

»Ich bin gekommen, um Feuer auf die Erde zu werfen. Wie froh wäre ich, es würde schon brennen!« *(Lk 12, 49)*

Dieses Feuer erfaßte die junge Kirche. Allzeit brennt es in ihr. Immer wieder erfleht sie die Erneuerung seiner Glut.

„Komm, Heiliger Geist, erfülle die Herzen DEINER Gläubigen und entzünde in ihnen das Feuer DEINER Liebe."

Ein Stück Holz will ich sein. Ein Kienspann. Zünde ihn an. Damit DEINE Wärme aus DIR ausgeht. Die kränkelnde Naturwelt gesundet. Menschen dies' Licht sehen, das in allen Geschöpfen widerleuchtet. DICH loben und preisen. Und den Frieden in der Natur finden. Einen Frieden, „den die Welt nicht geben kann".

Ein reifes Kornfeld liegt vor mir. Das Korn muß sterben, um Frucht zu bringen.

Die Ähren werden gedrochen, die Körner gemahlen und das Brot gebacken. Damit es auf den Tisch kommen kann. Und dann ...

"Aller Augen warten auf DICH, o HERR, DU gibst uns Speise zur rechen Zeit. DU öffnest DEINE Hand und erfüllst alles, was lebt, mit Segen."

Kaum haben die Felder ihre Ernten dargegeben, da steht der Mensch schon auf der Ackerscholle. Reißt mit dem blinkenden Eisen ihre Furchen auf, um den immer freigebigen Boden vorzubereiten. Für neue Aussaat. Und für kommende Ernte.

Unermüdlich spendet die Erde. Das erste Schöpfungswort des Ewigen wird immerfort verwirklicht.

Untrüglich hat es etwas Ergreifendes an sich: Heute noch sinkt die Ähre und morgen schon ihre Körner in die Furchen fallen, um wieder Frucht zu bringen.

Im Seelenleben soll es nicht anders sein. Wie in der Natur. Neuland müssen wir im Innern tragen. Immer und immer wieder Neuland in uns schaffen.

Den Alltag heiligen.

Wo das nicht gelingt, da wird die Seele stückweise zum Brachfeld. Zur Heide wird sie. Steppe und schließlich Wüste breiten sich aus.

„Das Leben ist ein langer Winter“, sagt der heilige Pfarrer von Ars, Johannes Baptist Vianny. „Da sollte man es halten wie die Hirten auf dem Felde. Sie machen Feuer an. Von Zeit zu Zeit aber laufen sie dahin und dorthin, um Holz nachzulegen.

O verstünden auch wir es wie diese Hirten, das Feuer der göttlichen Liebe täglich durch Gebete und gute Werke in unseren Herzen zu unterhalten, so könnte es nie erlöschen."

Einem Weisen, sagt Meister Eckehart, wurden einmal drei Fragen gestellt: „Was ist die wichtigste Stunde im Leben des Menschen? – Wer ist der bedeutendste Mensch, der ihm begegnet? – Was ist das notwendigste Werk, das ihm obliegt?“

Da gab er die Antwort: "Die wichtigste Stunde ist immer die gegenwärtige. – Der bedeutendste Mensch ist der, mit dem du gerade zu tun hast. – Und das notwendigste Werk ist immer die Liebe.“

Alles nur so im Vorbeigehen tun. Schnell leben, lieben, essen, reisen.

Die Zeit überholen, überlisten wollen.

Die Chinesen sagen: „Gott gab dem Menschen die Zeit; von der Eile hat er nichts gesagt." – „Über das Ziel hinausschießen ist ebenso schlimm wie nicht ans Ziel kommen."

Das Leben fordert uns beständig. Ohne Aufschub.

Fehlt die Herausforderung, dann ist der Mensch längst schon tot, bevor er stirbt.

Nach einer Sonnenfinsternis fragte ein Offizier den Herzog Alba, ob er das Naturschauspiel beobachtet habe. Der gab zur Antwort: „Nein, ich habe soviel auf Erden zu tun, daß ich mich nicht darum kümmern kann, was am Himmel vor sich geht."

Die Preßmethode. Sie versucht uns sklavisch hineinzupeitschen in die Zahnradbahn der Talfahrt. Auszuquetschen bis auf einen saftlosen Trester.

Das Vieler-Leute-Motto. Wenn schon die Zeit nicht zu bremsen ist, dann wenigstens auf der Todesfahrt nichts versäumen.

Das beste Mittel gegen diese Selbst-Mord-Pillen, infiziert mit dem Starrkrampf-Bazillus, der uns um unser innerstes Glück bringen möchte, heißt: der Jahresrhythmus. In dem die Bühnenbilder sich ablösen. Uns mitleben und erleben lassen.

Blumen und Bäume treten auf und wieder ab. Ihre Kostümierung ist kunterbunt und farbenfroh.

Die Tiere wechseln ihr Fell, gehen in Mauser oder schlüpfen in ihr Balzkleid.

Selbst der Himmel zeigt Viel-Gesichter. Wird nicht müde, Blitz und Donner, Licht und Wolken, unermeßliche Sternensaat der Erde zuzuwenden.

In der Non-Stop-Präsentation der Natur-Bühne scheint nichts verloren und vergessen zu sein. Nicht einmal das winzige Senfkorn.

»Jesus sagte: Womit sollen wir das Reich Gottes vergleichen, mit welchem Gleichnis sollen wir es beschreiben? Es gleicht einem Senfkorn. Dieses ist das kleinste von allen Samenkörnern, die man in die Erde sät.

Ist es aber gesät, dann geht es auf und wird größer als alle anderen Gewächse und treibt große Zweige, so daß in seinem Schatten die Vögel des Himmels nisten können.« (Mk 4, 30–34)

Die Kirchenväter sehen im Körnlein Christus selbst, der, in die Menschheit eingesät, sich zum Bau der Kirche entfaltet. In dessen Zweigen die Geistesbeflügelten ihr Heim finden. Das sind die Heiligen und die nach Heiligkeit strebenden Seelen.

***D**en Sinn seines Lebens erkennen wollen wirft Fragen auf. Sie dürfen nicht unbeantwortet im freien Raum stehen bleiben.*

Was ist das für ein Wesen, was ist das für ein Gott, der alles erschaffen hat?

Das biblisch-christliche Welt- und Menschenbild gibt uns Antwort. Die oft so quälende Frage nach dem Warum des Leides, der Anfechtungen und der inneren Spannungen findet eine Erklärung.

Es geht hier um die Bindung nach oben. Um die Kraft der Religion. Die Kraft über mir.

Liturgie und Kirchenjahr. Die kirchliche Gemeinschaft von Herüben und Drüben. Den Lebenden und den Verstorbenen. Den leidenden Armen Seelen und den zur Anschauung Gottes gelangten „Heilen".

»Der Geist der Gottesfürchtigen wird leben; denn ihr Hoffen ist auf ihren Retter gerichtet.« (Sir 34, 14)

Ich blicke zum Himmel. Ein Stern taucht auf, der schon einmal den Weg nach Bethlehem gezeigt hat.

Dann sind sie verschwunden, die Weisen aus dem Morgenlande, ebenso die Kamele und Dromedare. Ich bin allein und gehe weiter, dem EINEN nach.

Stolpere über den heißen Wüstensand auf SEINER Flucht nach Ägypten. Sehe IHN im Tempel.

Folge IHM später, wie ER ins Jordanwasser steigt und die Apostel mit IHM durchs Land ziehen. Gutes tut, Kranke heilt. Tote erweckt, Sünder bekehrt.

Halte mir die Augen zu, als ER auf Getsemani Blut schwitzt. Einer aus SEINER Jüngerschar IHN mit einem Kuß verrät.

Bin zutiefst betroffen, wie ER am Kreuz, entblößt und erhöht, nach Wasser schreit. Dafür bittere Galle bekommt. Völlig verlassen SEINEN Vater anruft.

Sehe IHN den Tod überwinden. Und bete IHN an, in meinen Händen, in der heiligen Wandlung.

Dann schaue ich auf mein Leben.

ER geht mit mir, meinen Weg. Amen.

3. BUCH

» Du bist für mich Zuflucht und Burg, mein Gott, dem ich vertraue. « (Ps 91, 2)

Die Zeit meines Lebens auf Erden. Sie ist kein Luftballon, den man nach Belieben aufblasen kann.

Eines Tages zerplatzt er unter einem harten, kurzen Knall. Die Schönheit ist dahin, alles Sichtbare zerfallen.

Wie immer einer auch gelebt hat, was er geglaubt oder auch nicht geglaubt hat – nach dem Tod wird ihm die klare Sicht seines Lebens-Rundes offenbar werden.

„Was ist nun der Tod?" fragt der heilige Chrysostomus. „Das gleiche wie das Ausziehen eines Gewandes. Denn wie ein Gewand umgibt der Körper die Seele: Haben wir ihn für kurze Zeit in unserem Tod abgelegt, so werden wir ihn herrlich strahlend wiederbekommen."

Gott begegnen. Das allein zählt im Leben.

Der heilige Thomas von Aquin war der gelehrteste Theologe, den es je gab. Gegen Ende seines Lebens hörte er plötzlich auf zu schreiben.

Als sein Sekretär bemerkte, daß sein Werk unvollendet sei, erwiderte Thomas: „Bruder Reginald, als ich vor einigen Monaten die Messe feierte, erfuhr ich etwas von dem Göttlichen. An jenem Tag verlor ich alle Lust zu schreiben, und alles, was ich je über Gott geschrieben habe, erscheint mir jetzt wie leeres Stroh."

Finanzen und Wirtschaft. Industrie und Wohlstand. Geld und Ansehen. Genießen und Sich-Ausleben. Das alles sind Münzen, die nur auf dem Schwarzmarkt des Zeitlichen Wert besitzen. Schein-Wert allerdings, Real-Wert, bleibende Echtheit und geltende Kaufkraft, haben sie nicht.

Gott hingegen führt die Seinen. ER sorgt für sie. Wie ER es für SEIN Volk getan hat.

»*Dort drüben auf dem Felsen am Horeb werde ich vor dir stehen. Dann schlag an den Felsen! Es wird Wasser herauskommen, und das Volk kann trinken.*« *(Ex 17, 6)*

Die christliche Erlösung bedeutet unendlich mehr als nur eine seichte Beziehung zum „Schöpfer-Gott". Ist nicht bloß Anerkennung. Auch nicht nur Hin-Wendung und Zu-Wendung. Sie ist Voll-Hin-Gabe an den „Vater-Gott".

Die Wahrheit und der Morgen klären sich nicht auf einmal auf, sondern nach und nach, sagt man in Nigeria. – Nur wer auf sein Ziel beständig bedacht ist, wird es erreichen. „Tadle Gott nicht, daß er den Löwen erschaffen hat, danke IHM, daß er ihm keine Flügel wachsen ließ." Ein anderes afrikanisches Sprichwort.

Sich-Ausreden und in Blindheit den gewohnten Trott-Weg weitergehen heißt den Kopf tief in den Sand stecken.

Als die kriegerischen Iren einst zum Christentum übertraten und sich taufen ließen, pflegten sie beim Untertauchen den rechten Arm hochzuhalten. Damit er nicht vom Taufwasser berührt werde. Denn dieser rechte Arm, der das Schwert zu führen hatte, sollte ausgenommen werden von den Geboten Christi.

Den gleichen Versuch machen wir. Irgend etwas wollen wir nicht hergeben … Alles, nur das nicht.

Und ausgerechnet das, was uns so schwerfällt herzugeben, das will Gott haben.

ER sieht nicht sosehr auf das, was wir hingegeben haben, als auf das, was wir zurückbehielten.

Das ist unser Götze, der uns von Gott trennt.

Nichts ist zarter als ein Spinnengewebe. Aus der Substanz des eigenen Körpers zieht die Spinne ihre langen Fäden.

Verbindet sie mit wunderbarer Fertigkeit zu einem Gebilde, dem an Feinheit kaum etwas gleichkommt.

Ein Werk, das keinen Bestand hat. Ein Hauch genügt, um es zu zerstören.

»Ein Spinngewebe ist seine Zuversicht, Spinnennetz sein Verlaß.

Stützt er sich auf sein Haus, es hält nicht stand, klammert er sich daran, es bleibt nicht stehen.«

(Ijob 8, 14–15)

Eine tiefe und sehr zeitgemäße Deutung gibt der heilige Ambrosius: „Was ist gewandter und geschäftiger als die Spinne, die Tag und Nacht ihrem Werk obliegt und doch mit allem Müheaufwand kein Gewand fertigbringt!

Ihr gleicht jeder Mensch, der sein Werk nicht auf das Fundament Christi aufbaut: Eitel ist sein Sorgen bei Tag und bei Nacht, und oft geschieht es, daß er inmitten seiner maßlosen Geschäftigkeit in den Ruinen seines Werkes untergeht."

Im Leben heiliger Menschen kann man immer wieder diese Tatsache feststellen:

Sie haben täglich ein Riesenpensum an Arbeitslast bewältigt.

Trotzdem hatten sie immer Zeit. Zeit zum Scherzen. Zeit für andere. Zeit, geduldig zuzuhören. Nichts Gehetztes war an ihrem Wesen. Weil sie alles hatten: Gott. Und ohne Angst waren, etwas zu versäumen.

Von zwei Bergen erzählt eine Geschichte aus dem Mittelalter. Auf jedem Berg stand ein Schloß. Ein Hund durchlief das Tal und schnüffelte vor sich hin, als rieche er Rebhühner oder Mäuse. Er wollte nichts anderes als seinen Hunger stillen.

Da erklang auf einmal die Trompete auf dem einen Schloß. Wie dies in jener Zeit zu geschehen pflegte, wenn zum Essen gerufen wurde.

Der Hund lief sogleich den Berg hinauf, um hier etwas zu erschnappen. Als er aber auf der Mitte des Berges war, hörte der Trompeter auf zu blasen. Und es fing der Trompeter auf dem anderen Schlosse an.

Da dachte der Hund: „Hier hat man schon gegessen, dort wird man essen." Und sprang hinab und den andern Berg hinauf. Jetzt aber fing der erste erneut zu trompeten an, und der andere hörte auf. Der Hund lief wieder hinab und wieder hinauf und machte so fort, bis endlich alle zwei Trompeten schwiegen. Und die Mahlzeit da und dort vorüber war.

Das Bild der halben Seele. Sie läuft sich müde zwischen zwei Bergen. Zwischen Gott und der Welt. Kann sich nicht entschließen, das Glück allein dort zu suchen, wo es wirklich zu finden wäre.

Darum plagt sie innere Öde. Traurigkeit gibt den Ton an. Und sie ist mißmutig über sich selbst.

Halbe Entscheidungen sind wie zerbrochene Stäbe. Du kannst dich nicht darauf stützen.

Den Rocken unter dem Arm, die Spindel in der Hand. Mit einer graziösen Bewegung wird der Faden gedreht und auf die Spindel gewickelt. So sah ich in Italien und anderen Regionen Südeuropas Frauen auf den Straßen einhergehen.

Griechen und Römer personifizierten die Naturkräfte als mystische Gestalten. Häufig veranschaulichten sie ihr Walten im Bilde des Spinnens und Webens.

Überträgt man diese heidnischen Vorstellungen ins Christliche, dann wird die Spinn- und Webearbeit zum Symbol der Schöpferarbeit Gottes.

» *Denn du hast mein Inneres geschaffen, mich gewogen im Schoß meiner Mutter.*

Ich danke dir, daß du mich so wunderbar gestaltet hast. Ich weiß: Staunenswert sind deine Werke. «

(Ps 139, 13–14)

Wird zum Bild des Lebensfadens. So klagt König Hiskija auf seinem Krankenlager:

» *Wie ein Weber hast du mein Leben zu Ende gewoben, du schneidest mich ab wie ein fertig gewobenes Tuch.* « *(Jes 38, 12)*

Der heilige Augustinus sieht nicht nur die Frauenarbeit darin, sondern auch ein Bild der Übernatur.

„Betrachtet die beiden Werkzeuge der Spinnarbeit, den Rocken und die Spindel: Am Rocken ist die Wolle, die zum Faden gezogen und gesponnen werden muß, um auf die Spindel übergehen zu können, noch von Bändern umwunden.

Was also eingehüllt am Rocken haftet, bedeutet das künftig Bevorstehende. Was auf die Spindel gewickelt wurde, ist das bereits Geschehene.

Dein Werk befindet sich also auf der Spindel, nicht am Rocken. Denn der Rocken enthält das, was du tun wirst. Die Spindel aber, was du getan hast.

Sieh also zu, ob du auf deiner Spindel etwas hast, das du vorweisen kannst. Das ist es, das dein Gewissen sicher macht; an dem liegt es, ob du mit Zuversicht zu Gott sprechen kannst: Gib, denn ich habe gegeben; vergib, denn ich habe vergeben; tue, denn ich habe getan!

Lohn kann man nur auf Grund vollbrachter Taten erbitten, nicht für das, was einem zu tun obliegt.

Sei also, was immer du tun magst, mit ganzer Seele auf deine Spindel bedacht, denn was am Rocken hängt, muß auf die Spindel gebracht werden, nicht aber läßt sich das Gesponnene wieder auf den Rocken zurückführen. Achte also auf dein Tun, auf daß deine Spindel wohlgefüllt sei und dir Trost, Sicherheit und Zuversicht biete, das Verheißene zu erbitten und zu empfangen."

»Keiner täusche sich selbst. Wenn einer unter euch meint, er sei weise in dieser Welt, dann werde er töricht, um weise zu werden.

Denn die Weisheit dieser Welt ist Torheit vor Gott.« *(1 Kor 3, 18–19)*

Komm Gott doch einmal ganz ganz nahe.

Schenk dich IHM. Gleich jetzt.

Laß dich von Gott an sich ziehen. ER hält dich fest. Für immer und ewig.

SEINE Liebe läßt dich nicht mehr los.

Unser Glaube kann ständig wachsen. Im selbstvergessenen Vor-Gott-Hintreten.

Eine Urerkenntnis, die das Christentum mit anderen Religionen teilt. Vom Minarett herab verkünden die Moslems den Preis Allahs: Gott muß gelobt werden. Jeder Tag, der aus SEINER Hand kommt, soll in uns die Antwort des Lobes und des Dankes wecken. Der gläubige Jude bricht beim Anblick blühender Bäume im Frühling in folgenden Ruf aus: „Gelobt seist du, Ewiger, unser Gott, König der Welt, der Du an nichts hast fehlen lassen in Deiner Welt und in ihr Geschöpfe und gute Bäume erschaffen hast, damit die Menschen zu erquicken."

Bitte und Fürbitte haben zu Recht ihren Platz im Leben der Gläubigen. Doch führt uns gerade die Sonntagsfeier vor Augen, daß wir Gott zuerst einmal loben, IHN preisen, IHM danken sollen.

Mit lobpreisendem Dank heben die meisten Briefe des Apostels Paulus an:

» *Wir müssen Gott euretwegen immer danken, Brüder, wie es recht ist, denn euer Glaube wächst, und die gegenseitige Liebe nimmt bei euch allen zu.* «
(2 Thes 1, 3)

Gott braucht unser Lob keineswegs, doch es ist „ein Geschenk SEINER Gnade", daß wir IHM danken.

An die Wand des Warschauer Ghettos kritzelte ein Jude folgendes Bekenntnis: „Ich glaube an die Sonne, auch wenn sie nicht scheint. – Ich glaube an die Liebe, auch wenn ich sie nicht spüre. – Ich glaube an Gott, auch wenn ich IHN nicht sehe."

Auf das Herz kommt es an. Auch – und gerade – wenn man das Glück sucht.

Warum rennen die meisten Menschen so hektisch und so weit vom Herzen dem Glück nach?

»Das Reich Gottes kommt nicht so, daß man es an äußeren Zeichen erkennen könnte.

Man kann auch nicht sagen: Seht, hier ist es! oder: Dort ist es! Denn: Das Reich Gottes ist schon mitten unter euch.« *(Lk 17, 20–21)*

Der heilige Augustinus, der in seinen jungen Jahren auf der Suche nach Glück so weit umhergeirrt ist, zeigt den richtigen Weg: „Kehren wir zum Herzen zurück, um es zu finden."

In manchen Märchen werden Menschen dadurch verzaubert, daß ihr Herz durch die Berührung mit einem Zauberstab oder durch einen Zaubertrank versteinert. Und nicht eher wird der Zauber von ihnen genommen, bis sich jemand findet, der den Zauber bricht, das steinerne Herz fortnimmt und ein menschlich fühlendes Herz dafür wiedergibt.

»Jeder, der liebt, stammt von Gott und erkennt Gott.« *(1 Joh 4, 7)*

Nur aus dieser Liebe heraus kann mein Leben in Christus umgestaltet werden. Denn …

Ich glaube an die Liebe. – Ich glaube an Gott, der die Liebe ist. – Ich glaube an Jesus Christus, der die sichtbar gewordene Freundlichkeit unseres Gottes ist. – Ich glaube an den Heiligen Geist, der mit unserem Geist ruft „Abba", Vater! – Ich glaube, daß der Vater uns in Christus durch den Heiligen Geist zu SEINEN Kindern gemacht hat. – Ich glaube an die Kirche, die die eucharistische Liebesgemeinschaft ist. – Ich glaube an das Evangelium, das die fröhliche Verkündung der unendlichen Liebe ist. – Ich glaube an die Menschen, die lieben und im Dienste der Liebe leben. – Ich glaube an die Menschen, die von der Liebe erfaßt werden müssen. – Ich glaube an die *eine* Welt, in der durch die christliche Liebe der Friede in Freiheit errichtet werden kann. – Ich glaube an das ewige Leben der Liebe, weil der ewige Gott Liebe ist.

»Herr, zu wem sollen wir gehen? Du hast Worte des ewigen Lebens.« *(Joh 6, 68)*

Letztes Glück kann uns die Erde nicht bieten. Unser Leben zielt auf Größeres. Auf den Freundschaftsbund mit Gott.

Den neuen und endgültigen Bund hat Gott mit allen Menschen in Christus geschlossen: den Bund SEINER Liebe und Freundschaft. „Nichts anderes wirkt die Teilnahme an Leib und Blut Christi, als daß wir in das übergehen, was wir empfangen.“ So Papst Leo der Große. – Wer Eucharistie erlebt, überwindet mehr und mehr Grenzen in der Liebe.

»Sie hielten an der Lehre der Apostel fest und an der Gemeinschaft, am Brechen des Brotes und an den Gebeten.« *(Apg 2, 42)*

In der San-Severo-Kapelle in Neapel steht eine eigenartige Skulptur des Barockkünstlers Francesco Quieirolo, aus dem Jahre 1758.

Da bemüht sich ein junger Mann mit herkulischer Kraft vergebens, seine Glieder von einem dichten Netz zu befreien, dessen Maschen ihn rings umgeben.

Und siehe, da kommt, vom Himmel gesandt, ein Engel und löst ihm das wirre Netzwerk auf einer Seite vom Körper.

Über dem Ganzen stehen auf einer Schriftrolle die Worte des Propheten Nahum:

»Ja, jetzt zerbreche ich sein Joch, das auf dir lastet, und deine Fesseln werde ich sprengen.«

(Nah 1, 13)

Unten am Steinsockel aber sieht man in einem Relief die Gestalt des Heilandes, der einem Blinden eben das Augenlicht zurückgibt.

Das ganze Bildwerk trägt die Inschrift „Il discarto" – die Befreiung. – Herausgelöst aus dem Schlingwerk des Irrtums.

Ein treffendes Sinnbild des im Schlingwerk des Bösen gefesselten Menschen. Nur durch die Kraft von oben kann er seine Verstrickung in Schuld und Ohnmacht lösen.

Wenn die Kirche „das Volk Gottes ist, das vom Leib Christi lebt und so immer mehr der Leib Christi wird", sagt Kardinal Ratzinger, hat die Eucharistiefeier für das Kirchesein und damit für das Christsein eine zentrale Bedeutung.

Beim Einzug der nationalspanischen Truppen in Riano de Jibio kamen den Einziehenden, während die Feinde noch in den Feldern versteckt lagen, einige Frauen entgegen.

Eine von ihnen, jung und bleich, zog unter ihrem Bruststück ein Stück Stoff hervor, eine rot-gelbe spanische Flagge.

Sie küßte dem Kommandanten Hände und Stirn und bat, man möge den Feldgeistlichen herbeirufen. „Morgen wird die heilige Messe gefeiert werden", entgegnete der Kommandant.

Die junge Frau aber bestand auf ihre Bitte: „Ich muß den Geistlichen haben, ich muß ihm das Allerheiligste aushändigen."

Sie hatte es während der Terrorherrschaft der Roten in einem Silberkästchen verborgen gehalten und sich damit beständig der Todesgefahr ausgesetzt.

Die tapfere Frau hieß Luisa Perez Bustamante. Ihr Vater war von den Gegnern erschossen worden.

„Christ sein heißt eucharistiefähig werden, ... auf die Eucharistie zuzuleben und von ihr her zu leben." So Kardinal Ratzinger.

»Wenn ihr das Fleisch des Menschensohnes nicht eßt und sein Blut nicht trinkt, habt ihr das Leben nicht in euch.« (Joh 6, 53)

Aus der Kraft der Eucharistie soll die Liebe gewonnen werden. Im Bild des Weinstocks und der Reben darf man die eucharistische Verbindung mit dem HERRN sehen. Die Rebe kann nur Frucht bringen, wenn sie am Weinstock bleibt.

»Wer in mir bleibt und in wem ich bleibe, der bringt reiche Frucht; denn getrennt von mir könnt ihr nichts vollbringen.« (Joh 15, 5)

Bei Laissac in Frankreich fiel vor Jahren ein Schäflein in einen Abgrund. Der Hirte ließ sich mit Stricken hinab und rettete das Tier. Bei dieser Gelegenheit entdeckte er einen unterirdischen Gang, der ihn fünfzig Schritte weiter zu einer Tür führte. Sie verschloß den Eingang zu einer Höhle, in welcher auf Steine gelegte Bretter Bänke bildeten und ein Notaltar stand. Die von Grünspan bedeckten Leuchter trugen noch Kerzenstümpfe. Auch Kelch, Monstranz, Rauchfaß, Meßbuch, kurz alle Erfordernisse zum Gottesdienst, waren vorhanden.

Im Meßbuch lag ein vergilbtes, beschriebenes Blatt Papier, ein Brief, dessen Inhalt zur Lösung des Rätsels führte. Pfarrer Calbat von Altes hatte ihn am 22. August 1793 an einen Amtsbruder geschrieben, mit der Bitte, seinen Pfarrkindern mitzuteilen, sich einzeln zu der heiligen Messe zu begeben, die er am 12. September in der Grotte feiern werde.

An diesem verborgenen Ort versammelten sich also während der Französischen Revolution die treugebliebenen Katholiken, zu einer Zeit, da die Feier des katholischen Gottesdienstes bei Todesstrafe verboten war.

Die Gläubigen setzten sich lieber allen möglichen Mühen und selbst der Lebensgefahr aus, als daß sie auf das heilige Opfer verzichtet hätten.

»Ihr werdet den Himmel geöffnet und die Engel Gottes auf- und niedersteigen sehen über dem Menschensohn.« (Joh 1, 51)

Das gesamte Wirken der Christen mündet in den Gottesdienst ein. Deshalb erscheint die Liturgie als Krönung christlicher Existenz.

Andererseits aber erfließt die ganze Tätigkeit der Kirche aus dem Gottesdienst.

Zwar zieht sich die Gemeinde im Moment ihrer Gebetsversammlung von der Welt zurück. Doch tut sie dies, um sich immer neu für ihre Sendung auszurüsten.

Von den regelmäßigen Zusammenkünften beziehen die Christen die Kraft für alle ihre Unternehmungen.

Die Liturgie spornt sie zu Werken der Liebe, der Frömmigkeit und des Apostolates an. Dadurch wird offenbar, daß sie Licht der Welt sind und den Vater vor den Menschen verherrlichen.

»Und das Wort ist Fleisch geworden und hat unter uns gewohnt, und wir haben seine Herrlichkeit gesehen, die Herrlichkeit des einzigen Sohnes vom Vater, voll der Gnade und Wahrheit.« *(Joh 1, 14)*

Unser Leben ist eine kostbare Gabe. Je mehr wir uns dies vor Augen halten, umso eher werden wir mit den Fragen unseres Lebens fertig.

Gott verfügt über uns. ER ist unser HERR. ER wirkt mit, um uns zu formen. Damit wir nach SEINEM Bild vollendet werden. Gott hält aber auch Ernte in dieser Welt. Wir selbst entscheiden, ob wir zu den Guten oder zu den Bösen gehören.

»Geht durch das enge Tor! Denn das Tor ist weit, das ins Verderben führt, und der Weg dahin ist breit, und viele gehen auf ihm.

Aber das Tor, das zum Leben führt, ist eng, und der Weg dahin ist schmal, und nur wenige finden ihn.« *(Mt 7, 13–14)*

Alles in dieser Welt ist vergänglich. Die Kunst unseres Lebens ist es, das Unvergängliche Gottes zu finden.

Um das zu finden, müssen wir den rechten Weg gehen. Den geraden Weg bergauf zu gehen, dazu bedarf es Leitbilder. Die Seligen und Heiligen Gottes zeigen uns diesen Weg. Nicht nur das. Sie helfen uns auch durch ihre Fürsprache, die Kraft und Ausdauer zu erlangen, diesen Weg bis ans Ende zu gehen.

» Der Herr sprach zu Mose: Rede zur ganzen Gemeinde der Israeliten und sag zu ihnen: Seid heilig, denn ich, der Herr, euer Gott, bin heilig. «

(Lev 19, 1–2)

Was „Heiligkeit" ist? – „Eine Haltung, die zu allen Handlungen gehört. – Mit allen Taten verbunden ist. – Alles Leben begleitet und formt."

Was Heiligkeit nicht ist: „Ein Ausflug in die Spiritualität, reine Geistigkeit. – Weltfremd und der Realität, dem Ernst des Lebens abgewandt. – Kampfscheu und unerfahren."

Was ein Heiliger ist? Einer, der sich fragt: „Wie kann es möglich sein, nicht zu lieben. – Nicht mitzuleiden und mitzuhelfen. – Kein Gefühl zu haben für die Freuden und Ängste anderer. – Dem Weg, der Quelle des Seins treu zu bleiben."

Sagt Abraham Heschel, ein Jude chassidischer Richtung, der den Sabbat hielt nach dem Gesetz Israels.

Der „Chassidismus" – eine religiöse Bewegung des Judentums, im 18. Jahrhundert vor allem im südlichen Polen entstanden. Begründet von Rabbi Israel Ben Elieser, genannt Baal Schem Tov.

„Baal", hebräisch „Herr", ein semitischer Wetter- und Himmelsgott. Bei den Israeliten zeitweise Name für Jahwe, dann aber abwertend für „Götze" gebraucht.

Die Anhänger dieser Bewegung, die Chassidim, schließen sich einem Meister und Lehrer an, der ihnen die Kommunikation mit Gott erleichtern soll.

Sie glauben, daß in allem Gott sei. Daher die für den Chassidismus so charakteristische Lebensbejahung und Lebensfreude.

Der Geist des Messias ist – wo und wann immer ER sich schenkt – das Heute Gottes über die Zeiten, Räume und Religionen hin.

ER, das heilige Geheimnis der Ent-Grenzung aller Grenzen, wie Menschen sie aus Angst voreinander gezogen haben. Oder wie Gott selbst sie zog und zieht.

Dieser läßt sich auch nicht einengen durch die Grenzen der von IHM gestifteten Kirche in ihrer Sichtbarkeit. So wenig wie durch die Grenzen des Gesetzes in Israel.

ER verbindet in unsichtbarer Tiefe zuinnerst alle, die mit ihrem Leben und Sterben das Angesicht Gottes suchen, zu Heiligen.

„Geheiligt werde DEIN Name." Das ist das Verlangen und Beten der Menschen, wo und wann immer sie leben oder gelebt haben. Menschen, die Gott zu Heiligen erwählt und begnadigt hat.

Im Herrengebet, dem „Vaterunser", steht sie als erste der sieben Bitten.

Mahatma Gandhi war ein Hindu und lebte in Indien in der ersten Hälfte dieses Jahrhunderts. Er hat die Bergpredigt konsequent und überzeugend gelebt. Besser als die allermeisten unter uns Christen.

Sokrates, ein griechischer Heide, bezeugte zwei Jahrtausende zuvor die innere Freiheit eines den Tod nicht fürchtenden Menschen. Eines Menschen, dessen Herz der Wahrheit gehört, die Weg und Leben ist.

Abraham Heschel – nach allem was Menschen von ihm wissen – ein „wahrer Israelit", an dem kein Falsch ist, absolut „gesetzestreu".

»Jesus sah Natanaël auf sich zukommen und sagte über ihn: ‚Da kommt ein echter Israelit, ein Mann ohne Falschheit.'« (Joh 1, 47)

Abraham Heschel, auch Weggefährte des Baptisten Martin Luther King in dessen waffenlosem Kampf gegen die Rassengesetze.

Zum heiligen Joseph von Cupertino, gestorben am 18. September 1663, kam einmal ein Reitknecht des Kardinals Fachonetti mit einer Botschaft. Joseph schaute ihn an und sprach: „Diener eines so edlen Herrn und ein so schmutziges Gesicht?"

Der Bote wurde ganz verwirrt. Er wußte doch genau, daß er sich des Morgens ordentlich gewaschen hatte. Nach einigem Nachdenken fand er den Sinn der Worte. Der Heilige hatte ihm in die Seele geschaut. Da drinnen sah es allerdings sehr schmutzig aus. Der Bote ging hin und legte eine Generalbeichte ab.

Als er am gleichen Tag wiederkam, die Antwort abzuholen, berührte der Heilige freundlich sein Haupt mit der Hand und sprach: „So habe ich dich gewollt. Jetzt, da du rein bist, bist du deines Herren würdig."

Gott allein ist heilig. Verbinde dein Leben neu mit IHM. Dann wird es wieder blühen.

»Damit euer Herz gefestigt wird und ihr ohne Tadel seid, geheiligt vor Gott, unserem Vater, wenn Jesus unser Herr, mit allen seinen Heiligen kommt.« *(1 Thess 3, 13)*

Wo Göttliches ist, ist Heiligkeit. Nur Göttliches kann dem Menschen entscheidend helfen.

Nur Heiliges kann die Lösung für alle Probleme der Menschen und der Welt sein.

Das Wort „heilig" geht, hebräisch, auf die Sprachwurzel „scheiden" zurück. Darunter versteht man klären, entmischen, sichten, trennen.

Sein Gegenbegriff „profan", dem Lateinischen entlehnt, bedeutet unheilig, weltlich, ungeweiht, alltäglich, nicht kirchlich. „Vor" dem „Heiligtum" stehend.

Es war mitten in der Nacht, vom 11. auf den 12. Oktober 1492. Nach langer, qualvoll ungewisser Fahrt erblickte die Schiffswache auf Christoph Kolumbus' Begleitschiff, der „Pinta", weit in der Ferne ein Licht.

Alles wurde im Nu alarmiert. Mit dem Jubelruf „Licht, Licht! Land, Land!" sanken die Leute der Besatzung in die Knie zu einem Tedeum für die bang ersehnte Rettung. Sie waren am Ziel. Vor den Gestaden einer Neuen Welt.

Es gibt im Deutschen ein kurzes Wort, das alles aussagt und zusammenfaßt, was sich ein Menschenherz für den Lebensabend ersehnt.

Das ist das Wörtchen „ausgesorgt".

Darin kommt alles zum Ausdruck, was wir uns wünschen und erhoffen. Keine Sorge mehr um die Kinder und ihr Lebensschicksal. Keine Sorge um die Zukunft – wie schön wäre das. Aber hier auf Erden bleibt dieses „Ausgesorgt“ doch immer wieder und immer noch ein süßer Traum.

Einmal aber soll diese Sehnsucht unseres Herzens Erfüllung finden. Wenn wir dereinst eingehen dürfen in Gottes Frieden. Dann haben wir „ausgesorgt“ in einem Maß, wie wir es uns hier auf Erden gar nicht vorstellen können. Denn dann gilt das Wort, das die Geheime Offenbarung von den Kindern Gottes spricht.

»Gott wird alle Tränen von ihren Augen abwischen. Der Tod wird nicht mehr sein, keine Trauer, keine Klage, keine Mühsal. Denn was früher war, ist vergangen.« *(Offb 21, 4)*

In sinniger Weise hat das gläubige Mittelalter das Gleichnis des Herrn von den fünf klugen und den fünf törichten Jungfrauen in einem „Spiel von den zehn Jungfrauen“ zur Darstellung gebracht.

Zum Schluß des Spieles ziehen die fünf klugen Jungfrauen mit dem Bräutigam ins himmlische Jerusalem ein. Und da die fünfte den herrlichen Hochzeitssaal betritt, ruft sie beseligt aus: „O wohl uns heut' und immerdar, daß wir das Heil erkannten klar, denn wer bei dir, Herr bleiben mag, den dünken tausend Jahr ein Tag.“

Mit „heilig“ ist das Wort „rein“ in seiner Grundbedeutung gleichzustellen. Das „Heilige“ kann als „ausstrahlende Wirklichkeit“ verstanden werden. „Rein“ hingegen ist eine Voraussetzung für Teilhabe an ihr.

Abd-er-Rahman II., Kalif von Cordoba, 822 bis 852, beschenkte eine seiner Lieblingssklavinnen mit einer herrlichen Perlenkette. Als die Wesire des Herrschers davon erfuhren, machten sie den Kalifen darauf aufmerksam, eine solche Gabe sei für eine Sklavin zu kostbar.

Der Kalif aber antwortete: „Seid ihr von dem Glanz des Halsbandes geblendet, weil ihr auf den Scheinwert schaut, den diese Perlen in den Augen der Menschen besitzen? Aber sagt selbst, was ist ein kaltes, lebloses Juwel gegen ein Menschenkind, dessen Zauber das Herz weit mehr ergreift als alles andere um uns. Der Mensch ist die schönste Perle, die der allmächtige Gott geschaffen hat."

Der Priesterdichter Alban Stolz hat einmal die Worte geprägt: „Die Seele ist ein Amphibium."

Amphibien sind bekanntlich Tiere, die ebenso im Wasser wie auf dem Lande leben können, da sie an beide Bereiche angepaßt sind.

Gar nicht anders verhält es sich mit der menschlichen Seele. Mit einem Teil ihres Wesens reicht sie hinab in das vegetative und sensitive Leben, was wir mit Pflanze und Tier gemeinsam haben. In ihrer Spitze aber reicht sie hinein bis in die Weite des Geistes, die mit dem Stoff unter uns nichts gemein hat.

»Bei all deinen Taten hab acht auf deine Seele, denn wer das tut, beachtet die Gebote.« *(Sir 32, 23)*

Gott ist Labsal deiner Seele.

ER löscht deinen Durst nach Beständigkeit. Stillt deinen Hunger nach Wahrheit.

ER allein vermag dich zu sättigen.

Wegweiser am Straßenrand des Lebens, Mutmacher auf dem irdischen Pilgerweg. Das sind sie, die Heiligen.

Wahre Helfer der Welt. Liebevolle Mahner allen, die auf sie schauen, hören und sie verehren.

Groß ist die Versuchung, sich nicht vorwärts zu bewegen. Zu bleiben, wie und wo man ist. Sich auf das zu verlassen, was man hat. Denn …

Was man hat, das kennt man. Man fühlt sich darin sicher. Kann sich daran festhalten, darüber verfügen.

Angsthasen sind wir. Alle.

Wir haben Angst vor dem Schritt ins Ungewisse. Ins Unsichere. Und deshalb vermeiden wir den Schritt nach vorne.

Jeder Schritt ist ein Wagnis, meinen wir. Und …

Jeder Schritt birgt die Gefahr des Scheiterns. Das ist einer der Gründe, weshalb wir fürchten, „Heil-ig" zu werden.

»Belügt einander nicht; denn ihr habt den alten Menschen mit seinen Taten abgelegt und seid zu einem neuen Menschen geworden, der nach dem Bild seines Schöpfers erneuert wird, um ihn zu erkennen.« *(Kol 3, 9–11)*

Achtzehn Jahre war ich damals alt. Die Zillertaler Alpen hatten es mir angetan. Von Hippach aus bin ich hinaufgestiegen auf die Ahornspitze. Auf 2014 Meter steht das Gipfelkreuz. – Heute liegt es 57 Jahre zurück, dieses Erlebnis. Tief bleibt es mir eingeprägt.

Bergwandern kann erheben. Vorausgesetzt ... man hat die Seichtheit üppiger Flachtäler satt. Sehnt sich nach dem Bewährungskampf karger Bergrieden. Will herausgehoben werden aus der Enge geistigen Proletentums. Das uns Scheuklappen anlegt.

Welch ein Erlebnis, hat man sie erst erreicht, die Bergspitze. Und steht vor dem Gipfelbuch, das gewöhnlich an einer wettergeschützten Stelle in einem kleinen Kästchen aufbewahrt ist.

In dieses Buch kann jeder, der am Gipfel des Berges angelangt ist, seinen Namen eintragen.

Eine Bergbesteigung ist nichts für schwache und bequeme Menschen. Und jedem Eintrag in solch ein Gipfelbuch geht ein gehöriges Maß an Ausdauer, Geschicklichkeit und körperlicher Anstrengung voraus. Zugleich wird ein Wissen verlangt, wie man mit seinen Schritten umzugehen hat, um nicht auf halbem Wege zu bleiben. Oder gar abzustürzen.

Ein „Gipfelbuch" hat auch unsere Mutter, die katholische Kirche. Nur sind die Berggipfel, die es hier zu erklimmen gilt, weit höher als die höchsten Erhebungen der Erde und die Anforderungen weit größer als bei einer Bergbesteigung.

Dieses „Gipfelbuch" ist das Buch, in dem die Namen ihrer Heiligen verzeichnet werden. Und jedesmal, wenn hier ein neuer Name eingetragen wird, ist es ein Fest-, ein Freudentag. Für die ganze Kirche Gottes.

» Du zeigst mir den Pfad zum Leben. Vor deinem Angesicht herrscht Freude in Fülle, zu deiner Rechten Wonne für alle Zeit. « *(Ps 16, 11)*

Welch Wunderwerk ist doch die Menschenseele. Gottes Geist webt und schafft an ihr. Tag für Tag, Augenblick für Augenblick.

Was wird erst daraus im Himmel werden, wenn wir den Schöpfer-Künstler ungehindert und ungestört an uns schaffen lassen. SEINE Kunstgriffe nicht vereiteln, SEIN wunderbares Kunstgebilde werden lassen.

Die Heimkehrer meiner Pfarre haben sich zusammengetan, Spenden gesammelt, keine Ruhe gegeben, bis es soweit war. Nach den überstandenen Gefahren des Krieges sollte eine große Friedensglocke für unseren Kirchturm gegossen werden.

Diese Männer, in Gefangenenlagern hin- und hergetrieben, standen nun in der Glockengießerei. Wollten Zeugen sein, wie „ihre" Glocke werden sollte.

Wenn der Glockengießer das Metall in die Form gegossen hat, so sieht das Auge noch nicht das Kunstwerk, das unter dem gebrannten Lehm schon vollendet ist.

Endlich aber zerbricht der Meister mit wuchtigen Hammerschlägen die irdene Form.

Die neue Glocke funkelte im Sonnenschein, als sie auf dem geschmückten Wagen angefahren wurde. In Prozession empfangen. Zum Turm geleitet. Froh klangen die Weisen der Bläser durch den Pfarrort. Dann stand die Patin neben der Glocke, die den kirchlichen Segen erhielt. Man hörte zum ersten Mal den Klang der Heimkehrer-Glocke.

Können wir anders, als in Bildern sprechen?

So ist es auch mit dem Menschen, der in der Gnade Gottes stirbt. Alle seine Sündenstrafen abgebüßt hat.

Die irdene Form, der Leib, wird abgebrochen. Von dem, der Herr ist über Leben und Tod …

Die Seele aber schwingt sich zum Himmel empor.

» *Werdet stark durch die Kraft und Macht des Herrn!* « (Eph 6, 10)

Bei der Spendung der Taufe vollzieht sich kurz vor dem Ablegen des feierlichen Taufgelöbnisses „Ich widersage" eine bedeutungsvolle Zeremonie. Der Priester berührt, wie es einst der Herr bei der Zunge des Taubstummen gemacht hat, die Ohren des Täuflings mit Speichel und spricht dabei wie damals der Herr: „Epheta – Tu dich auf!"

» *Er nahm ihn beiseite, von der Menge weg, legte ihm die Finger in die Ohren und berührte dann die Zunge des Mannes mit Speichel; danach blickte er zum Himmel auf, seufzte und sagte zu dem Taubstummen: Effata!, das heißt: Öffne dich! Sogleich öffneten sich seine Ohren, seine Zunge wurde von ihrer Fessel befreit, und er konnte richtig reden.* «

(Mk 7, 33–35)

Von nun an soll das geistige Ohr des Getauften offen sein für Gottes Anruf und Befehl. Und offen bleiben.

Tief verborgen in jeder Menschenseele liegt die Sehnsucht nach dem ewigen Leben.

Dessen Erfüllung niemand anderer ist als ER selbst.

Der Urheber der Sehnsucht. Der ewige Gott.

» *Das Königtum aber werden die Heiligen des Höchsten erhalten, und sie werden es behalten für immer und ewig.* « (Dan 7, 18)

Heiligenverehrung ist ein Aspekt der Verehrung Gottes. Gott kommt dem Menschen in SEINEM Geist als Leben-schenkende und Gemeinschaft-stiftende Liebe nahe.

ER offenbart sich so als der „Heiligende". In Jesus Christus ist ER unsere Heiligung, Gerechtigkeit und Erlösung geworden.

»Wer sich also rühmen will, der rühme sich des Herrn.« (1 Kor 1, 31)

Zu den Heiligen zählen wir die großen Glaubenszeugen des Alten Testamentes, die Apostel, die Märtyrer, Büßer, Bekenner, heiligen Bischöfe, Jungfrauen, Ordensgründer und Maria, die Mutter des Herrn.

Sie alle bleiben im Gedächtnis der Kirche. Sind Vorbilder christlichen Lebens. Können geehrt werden. Grundlegend für jede Heiligen-Verehrung ist die Tatsache, daß die Ehrung nicht zuerst ihnen gilt, sondern dem siegreichen Wirken der Gnade Gottes an ihnen.

»Als die Menschen das Zeichen sahen, das Jesus getan hatte, sagten sie: Das ist wirklich der Prophet, der in die Welt kommen soll.« (Joh 6, 14)

In der Kirche ist nicht nur Menschenkraft am Werk. Wenn wir uns auf die Kraft des Heiligen Geistes verlassen, SEINEN Einsprechungen folgen und uns von diesem Geist führen lassen, dann ist auch Gottes Kraft am Werk, um jede Krise in der Kirche zu bewältigen.

Die Gotteskraft ist stärker als jeder menschliche Widerstand.

»Darum werden wir nicht müde; wenn auch unser äußerer Mensch aufgerieben wird, der innere wird Tag für Tag erneuert.« (2 Kor 4, 16)

Eine Welt des Gebetes ist eine Welt des Friedens. Weil Gott auf den Beter schaut. Denn in der Hast bleibt deine Seele zurück.

Der Friede aber beginnt in deinem Herzen. Blicke hinein in dein Innerstes. Und suche sie, diese Insel des Friedens. Da drinnen findest du sie, die Quelle des Guten, die niemals aufhört zu sprudeln, solange du nicht aufhörst zu beten.

Sich über unser Menschsein kindlich freuen, wie Matthias Claudius es so schön sagt: „Ich danke Gott und freue mich wie's Kind zur Weihnachtsgabe, daß ich bin, bin! Und daß ich dich, schön menschlich Antlitz habe."

» Der Gott der Hoffnung aber erfülle euch mit aller Freude und mit allem Frieden im Glauben, damit ihr reich werdet an Hoffnung in der Kraft des Heiligen Geistes. « *(Röm 15, 13)*

Schon Papst Leo der Große behauptete: „Das Reich Gottes wird nicht den Schlafenden zuteil, sondern denen, die im Dienste des Herrn arbeiten und sich abmühen."

Beten wir nicht im Vaterunser „Dein Wille geschehe, wie im Himmel so auf Erden"? – Gibt es da irgendwo „zwischen Himmel und Erde" noch ein Plätzchen, ein Fleckerl, wo es nach „meinem Kopf" gehen müßte oder könnte, ohne den HERRN zu fragen, ob ER SEIN Ja dazu gibt?

Der englische Kanzler, der heilige Thomas Morus, meinte, Gott könne den Menschen nicht empfindlicher strafen, als wenn er ihm alles nach Wunsch gehen ließe.

„Was ihr braucht, ist Ausdauer, damit ihr den Willen Gottes erfüllen könnt und so das verheißene Gut erlangt.

Werft also eure Zuversicht nicht weg, die größten Lohn mit sich bringt." (Hebr 10, 36; 35)

Der deutsche Maler Ludwig Richter hat ein Bild gemalt zu der Vater-unser-Bitte „Dein Wille geschehe, wie im Himmel, also auch auf Erden". Wir sehen darauf einen Vater, der von Weib und Kind Abschied nimmt und hinausfährt aufs Meer.

Wird der Vater wiederkehren? Oder wird er versinken in den Fluten des Meeres.

Diese Frage zittert in den Seelen derer, die da Abschied voneinander nehmen. Der Künstler gibt darauf die schönste Antwort, die er hatte geben können, indem er die Worte kindlicher Hingabe unter das Bild setzt: „Wie Gott will!"

Auf dem zweiten Teil des Bildes sehen wir noch einmal den Vater, der nach Jahren in die Heimat zurückkehrt. Vieles ist anders geworden. Die Gattin, die ihm so treu und innig verbunden war, ist nicht mehr. Sie ruht auf dem Friedhof.

Wie er nun schmerzensgebeugt hinausgeht an das Grab und das Leid ihm das Herz brechen will, da hält er sich aufrecht mit dem gleichen Sagen, mit dem er einst ausgezogen war: „Wie Gott will."

Laß Gott in dein Leben hineinreden. Dann schenkt ER dir auch den Frieden.

Der Friede der Welt aber fängt beim ersten Weltenbürger an. Und da bist du dir der Allernächste.

Die Erziehung ohne Religion geht daneben. Jede Knospe braucht Zeit zum Reifen. Sonnenschein und Regen und nicht zuletzt der Wind sind Begleiter dorthin.

Liebe ist wie Feuer. Du mußt beständig nachlegen.

Allein kommst du nicht durch. Du brauchst Freunde. Gott gab sie dir. SEINE Freunde sollen auch deine Freunde sein: die Seligen und Heiligen im Himmel. Gut ist es, zu wissen, mit Gott verbunden zu sein.

»*Darum sage ich euch: Bittet, dann wird euch gegeben; sucht, dann werdet ihr finden; klopft an, dann wird euch geöffnet. Denn wer bittet, der empfängt; wer sucht, der findet; wer anklopft, dem wird geöffnet.*« *(Lk 11, 9–10)*

Die Hilfe Gottes wird uns in besonderer Weise durch die fürbittenden Seligen zuteil.

Selig ist, wer zutiefst beglückt und wunschlos ist. Wer sein Mensch-Sein restlos verwirklicht hat. Da der Mensch auf Unendlichkeit angelegt ist, kann Seligkeit nur als erreicht angesehen werden, wenn er in voller Gemeinschaft mit Gott als dem Unendlichen steht.

Die Heiligen sind Menschen in der ganzen Dramatik ihres Daseins. Anfechtungen, Ängste und Zweifel blieben ihnen nicht erspart. Oft sehen wir die Heiligen nur auf dem Hintergrund ihrer goldenen Gloriolen. Als fertige, bereite Gefäße, denen Gott Wunderkräfte verliehen hat. Unnahbar stehen sie oft durch unsere innere Scheu weit weg vom Leben. Oben auf einem Sockel. Rundherum geschützt und abgesichert.

Eine gänzlich verkehrte Ansicht. Sie wurden genauso wie wir hineingeboren in die Welt. Um sie herum wehte ebenfalls kalter Wind des Kampfes zwischen Gut und Böse. Gnade gab ihnen den ersten Anstoß und prägte ihnen das letzte Siegel auf.

Doch blieben sie immer auch Menschen. Die sich mitunter langsam und schmerzlich von den Gütern dieser Welt lösen mußten.

Der Kirchenlehrer, Ordensgründer und Bischof Augustinus bekennt die Sünden, die er begangen hat. Die Sünde, die ihn so lange geknechtet und elend gemacht hat und die ihn auch jetzt noch versucht und ängstigt. Jetzt, nicht lange nach seiner Wahl zum Bischof der afrikanischen Hafenstadt Hippo, wo er seine „Bekenntnisse“ niederschreibt.

Er bekennt seine einstigen Torheiten und seine gegenwärtige Unwissenheit und Schwäche. Er betont aber auch immer wieder die Erbarmungen Gottes, die ihm zuteil geworden sind. Die Erkenntnisse und Erleuchtungen, die ihm geschenkt sind. Die Großtaten Gottes, wie er sie selbst erfahren hat oder wie sie ihm bei Betrachtung der Schöpfung und der geheimnisvollen Tiefe des Menschenherzens sowie beim Sinnen über die Heilige Schrift vor Augen getreten sind.

Alles, was er schreibt – mag er nun seinen Jammer und seine Schande aufdecken oder anbetend den Wunderwegen des Schöpfers und Erlösers nachgehen –, alles soll der Ehre und Verherrlichung des großen Gottes dienen. Und anderen Hilfe sein.

Das Streben nach Heiligkeit ist weder Sport noch Luxus, noch Fleißaufgabe. Es ist Be-ruf-ung.

Heilige sind Menschen, die, ausgestattet mit menschlichen Charaktereigenschaften, ohne das große Ja zu Gott auch in die Irre gehen könnten.

„Flügel der Heiligkeit" werden keinem Menschen schon bei der Geburt, sozusagen als „Geburtstagsgeschenk" „gratis", mitgegeben. Sie wachsen gleichsam aus Aufrichtigkeit und Phantasie, aus Klugheit und Eifer, aus Gelehrsamkeit und Mutterwitz, aus dem durch irdische Liebe verwundeten Herzen.

Eine brennende Fackel der Liebe sein. Die alles in Brand setzt. Mit einem unermeßlichen Gottvertrauen. Weil es mir klar wird, daß Christus den Vorhang vor Gott weggezogen hat. Weil ich weiß, daß ER mich liebt und ich IHN per „DU" anreden darf. Und daß mir dabei die Heiligen und Seligen vom Himmel her helfen.

»Die Angst des Menschen führt ihn in die Falle; wer auf den Herrn vertraut, ist gesichert.« (Spr 29,25)

Das Sich-Spannen des Geistes auf die großen Dinge nennt man „die Hochgemutheit".

Hochgemut ist, wer sich das Große zumutet und sich seiner wert macht.

Die Basis dafür verleiht dir das Gott-Vertrauen.

Erinnerung und Erwartung. Vergangenheit und Zukunft.

Treffen sich jedes Jahr immer wieder zur Zeit der Ankunft des HERRN, im Advent.

Vieles hilft mit, daß wir uns daran erinnern: Jesus Christus ist zu uns Menschen gekommen. ER ist Mensch geworden.

Voller Sehnsucht erwartete das Volk Israel seinen Erlöser, den Messias.

Mehr und mehr wuchs die Hoffnung auf DEN, den Gott versprochen hat.

Die Verheißung der Geburt des göttlichen Heilandes wurde innigst herbeigesehnt.

» *Das Volk, das im Dunkel lebt, sieht ein helles Licht; über denen, die im Land der Finsternis wohnen, strahlt ein Licht auf. Du erregst lauten Jubel und schenkst große Freude. Man freut sich in deiner Nähe, wie man sich freut bei der Ernte.* « (*Jes* 9, 1–2)

Endlich wurde er geboren. An dieses Ereignis denken Christen im Advent und bereiten sich auf das Fest vor, an dem das erste Kommen Jesu Christi gefeiert wird.

Im Orient viel verehrt: Margarete. Die „Drachenheilige" genannt, zählt sie zu den Vierzehn Nothelfern.

Als im Laufe des späteren Mittelalters die Bedrängnis und Not der christlichen Völker des Abendlandes überaus groß wurde, nahmen die Gläubigen in ihren Gebeten zu den Heiligen Zuflucht und flehten sie um ihre Hilfe an.

Das Vertrauen des Volkes richtete sich auf eine bestimmte Gruppe von Heiligen, die dann als Nothelfer allgemein angerufen wurden.

Gottes Hilfe und Gnade haben wir Menschen auch in unserem Zeitalter nötig. Vielleicht sogar mehr als früher. Heilige sind Fürsprecher bei Gott.

Wer hat sich noch nie die Frage gestellt, woher wir wissen, daß Jesus Christus der Sohn Gottes und der wahre Gott ist?

Ob wir sie Margarete, Margret oder Marina nennen, sie ist immer eine „margarita", eine „Perle". Ihr Festtag fällt auf den 20. Juli. Sie starb um das Jahr 284 den Tod einer Blutzeugin für den christlichen Glauben.

In Antiochien in Pisidien, Kleinasien geboren. Ihr Vater Ädesius war ein Götzenpriester, Margaretes Erzieherin und Wärterin aber eine Christin. Sie hat das Kind im christlichen Glauben unterwiesen.

Als der Vater es wahrnahm, stieß er seine Tochter aus dem Hause. Vor den Statthalter Olibrius geführt, der sie ob ihrer Schönheit heftig begehrte, ward Margarete gefragt, ob sie eine Freie sei, was ihr Name und ihre Religion sei. – Ihre Antwort war einfach und schlicht: „Die Perle werde ich geheißen. Von Geschlecht bin ich edel. Der Religion nach eine Christin."

„Die zwei ersten sind recht", entgegnete der Statthalter, „das dritte aber ist eine Torheit. Denn was ist törichter, als sich einen Gekreuzigten zum Gott zu machen."

Darauf die Jungfrau: „Sage mir, ich bitte dich, woher weißt du, daß Jesus, unser Herr, gekreuzigt worden ist?"

„Aus den Büchern der Christen."

Fest entschlossen entgegnete Margarete: „Warum sprichst du nur von der Kreuzigung Christi und nicht von SEINER glorreichen Auferstehung? SEIN Leiden und SEIN Sterben beweisen allerdings, daß Jesus ein Mensch ist; aber SEINE Auferstehung beweist ebenso eindeutig, daß ER ein Gott ist, da ein bloßer Mensch nie aus eigener Kraft wieder aus dem Grab auferstehen kann."

Mit diesen schlichten Worten hat Margarete unmißverständlich das Bekenntnis abgelegt, daß Jesus Christus Gott und Mensch zugleich ist.

Von Zorn entbrannt, daß Margarete allen Schmeicheleien und Drohungen widerstand und sich weigerte, den Göttern zu opfern, ließ nun Olibrius die zarte Jungfrau unmenschlich geißeln und mit Krallen zerfleischen und sodann in den Kerker werfen.

Hier versuchte in der Gestalt eines Drachen der böse Feind, den Mut der edlen Bekennerin zu erschüttern. Doch mit der Kraft des heiligen Kreuzzeichens schlug sie ihn zu Boden. Himmlischer Trost erfüllte ihre Seele. Die Wunden heilten. Und in blühender Jugendfrische stand sie abermals vor dem Richter.

Wieder begann der Kampf. Wieder blieb sie Siegerin.

Der Statthalter ließ sie auf glühende Platten legen, mit Fackeln brennen und dann, an Händen und Füßen gebunden, in eiskaltes Wasser werfen. Letztlich wurde sie enthauptet. Der Heldenmut der heiligen Märtyrerin führte viele Zuschauer zum Glauben.

Advent ist Einkehr und Umkehr. Wie begrenzt unser Dasein auf Erden ist, wird uns wieder klar. Da kann uns die heilige Margarete so richtig aufrütteln. Sie schätzte das ewige Leben höher als das irdische. Welch ein Tausch: den Himmel gegen die Erde!

Wie töricht sind wir, wenn wir so sehr am Irdischen hängen und nichts vom Tode hören wollen, der uns doch erst das wahre Leben bringt.

Der Advent ist ein Neu-Beginnen.

Hin auf der Suche. Dem Heiland entgegen.

»Was kein Auge gesehen und kein Ohr gehört hat, was keinem Menschen in den Sinn gekommen ist: das Große, das Gott denen bereitet hat, die ihn lieben.« *(1 Kor 2, 9)*

Der unbesiegbare Sonnengott Mithras. Auch die Römer verehrten ihn.

Ihm galt im Mittelmeerraum der 25. Dezember als Geburtstag.

Seit dem vierten Jahrhundert feiern die Christen Weihnachten. Um diese Zeit entstanden die beiden großen Festtage der Christenheit: Christi Geburt und die Erscheinung des Herrn.

Zugleich war der 25. Dezember auch der Tag der nordischen Wintersonnenwende. Sinnvolles Zusammentreffen. Die Kirche feiert damit Christus als die wahre Sonne und das „Licht der Welt", das den heidnischen Sonnengott vertreibt.

»Ich bin das Licht der Welt. Wer mir nachfolgt, wird nicht in der Finsternis umhergehen, sondern wird das Licht des Lebens haben.« (Joh 8, 12)

Christus erscheint als der wahre König, dem alle Könige huldigen. Aus diesem Grunde wird jenes Fest das Fest der Heiligen Drei Könige genannt.

SEINE Gottheit offenbarte Jesus auch in SEINEN ersten Wundertaten.

»So tat Jesus sein erstes Zeichen, in Kana in Galiläa, und offenbarte seine Herrlichkeit, und seine Jünger glaubten an ihn.« (Joh 2, 11)

Das deutsche Wort „Weihnacht" ist schon sehr alt. Althochdeutsch „wih" bedeutet „heilig" oder „geweiht". Es ist keine andere Nacht so heilig wie diese, in der Gott in Jesus Christus Mensch geworden ist.

Die Weihnachtskrippe wird 1223 zum ersten Mal durch den heiligen Franz von Assisi in Greccio, Italien, in einer Kirche aufgestellt.

Wie die Hirten in Bethlehem pilgerten die Gläubigen zur Krippe.

Schon bald standen Krippen in vielen Kirchen und Klöstern. Später auch in Schulen und Wohnungen.

Um diese Zeit entwickelten sich zahlreiche Krippenspiele. Die nichts anderes wollten, als das Weihnachtsevangelium anschaulich darzustellen.

Der Weihnachtsbaum hat seinen Ursprung bereits im vorchristlichen Brauchtum.

Zur Feier der Wintersonnenwende wurden in den Rauhnächten grüne Zweige als Schutz und Zaubermittel und zur Beschwörung des Sommers geschlagen.

In allen Kulturen und Religionen ist der immergrüne Baum Wohnstätte der Götter und damit Zeichen des Lebens gewesen. Fruchtbarkeit und Wachstum werden angezeigt. Auch in der Heiligen Schrift spielt der Baum eine große Rolle: vom Baum der Erkenntnis bis zum Baum des Kreuzes.

»Hast du von dem Baum gegessen, von dem zu essen ich dir verboten habe? Adam antwortete: Die Frau, die du mir beigesellt hast, sie hat mir von dem Baum gegeben, und so habe ich gegessen.«

(Gen 3, 11–12)

Der Brauch, einen Christbaum aufzustellen, kam im Elsaß und im Schwarzwald um 1509 auf. Er wurde von Martin Luther und den Reformatoren zum Weihnachtssymbol der Protestanten erklärt.

In den Kriegen gegen Napoleon rückte die Tanne zum Freiheitssymbol aller Deutschen vor. Gegen Ende des 19. Jahrhunderts hielt der Christbaum auch in den katholischen Kirchen und Wohnungen Einzug.

Der Christbaum steht für den Paradiesbaum, an dem die „Früchte des Lebens" hängen. Dargestellt durch Äpfel, Nüsse und Gebäck. Im übertragenen Sinne durch goldene Christbaumkugeln und silbernen Christbaumschmuck.

Am Ende der Weihnachtszeit wird der Christbaum „geplündert". Vom Baum des Lebens werden die Früchte des Lebens gepflückt.

Schenken, verschenken, beschenken. Sich selbst aber auch beschenken lassen.

Das Ziel der Liebe ist kein anderes als die Vereinigung mit dem geliebten Wesen.

Kann auch als geistige Umarmung, als Umfassen der Anliegen und Nöte des andern verstanden werden. Als eine Zuwendung von Seele zu Seele. Als „Bote sein" für den allmächtigen Gott. Als SEIN sichtbares Zeichen der Zuwendung. Und schließlich als Symbol SEINES Überschattens mit SEINER göttlichen Gnade.

Das ist letzten Endes auch der tiefe Sinn der Weihnachtsbescherung.

» Sie gingen in das Haus und sahen das Kind und Maria, seine Mutter, da fielen sie nieder und huldigten ihm. Dann holten sie ihre Schätze hervor und brachten ihm Gold, Weihrauch und Myrrhe als Gaben dar. « *(Mt 2, 11)*

Die Weihnachtsbescherung ist eigentlich älter als das Weihnachtsfest.

Schon in vorchristlicher Zeit wurden am Fest des Sonnengottes und der Sonnenwende Geschenke verteilt. An diesem Tag erhielten die römischen Beamten und die Sklaven ebenso wie in Germanien das Gesinde von ihren Dienstherren Geschenke als Dank für ihre Arbeit.

Für Christen aber haben Weihnachtsgeschenke diese Bedeutung: Sie beschenken einander, weil Gott allen Menschen SEINEN Sohn geschenkt hat.

» Das wahre Licht, das jeden Menschen erleuchtet, kam in die Welt. « (Joh 1, 9)

Die Weihnachtsbescherung geht zurück auf Martin Luther. Er schaffte um 1535 die bis dahin allein übliche Nikolausbescherung ab. Statt des heiligen Nikolaus – der im 4. Jahrhundert lebte und Bischof von Myra in Kleinasien, der heutigen Türkei, war – bringt nun das Christkind die Gaben. Der Nikolaus wird zum Weihnachtsmann.

In den Weihnachtskreis fallen die „Rauhnächte", die auch „Zwölfnächte" oder einfach „Zwölften" genannt werden. Im deutschen Sprachgebiet in Volksglauben und Volksbrauch eine besonders bedeutsame Zeit.

Die Rauhnächte beginnen am 21. Dezember, dem Tag des heiligen Thomas, des Apostels. Er erklärte, mit dem Heiland in den Tod gehen zu wollen.

» Da sagte Thomas, genannt Didymus, der Zwilling, zu den anderen Jüngern: Dann laßt uns mit ihm gehen, um mit ihm zu sterben. « (Joh 11, 16)

Bei der Erscheinung des Herrn am Auferstehungstag war Thomas im Jüngerkreis nicht anwesend. Er zweifelte an der Auferstehung, was ihm später auch den Beinamen „der Zweifler“ einbrachte.

Acht Tage später bekennt Thomas bei einer weiteren Erscheinung des Auferstandenen seinen Glauben.

»Thomas antwortete ihm: Mein Herr und mein Gott!

Jesus sagte zu ihm: weil du mich gesehen hast, glaubst du. Selig sind, die nicht sehen und doch glauben.« (Joh 20, 28–29)

Nach der Überlieferung verkündete Thomas später das Evangelium bei den Parthern und in Indien. Hier soll er durch das Schwert oder die Lanze den Tod als Märtyrer gefunden haben.

Das Fest des heiligen Thomas – jetzt am 3. Juli – galt als Beginn der Zwölften oder Unternächte. In dieser Zeit wurde von den Bauern der Witterungskalender des nächsten Jahres angelegt.

Die Zwölften waren auch als Lostage bedeutsam. Träume galten als besonders vorbedeutend und vielsagend, versuchte man, daraus die Zukunft zu erforschen.

Vor bösen Geistern besprengte man in katholischen Gegenden während der Zwölften Zimmer und Ställe mit Weihwasser. Räucherte Räume mit gesegnetem Weihrauch aus. Dem Weihwasser-Segen liegen Worte Gottes zugrunde:

»Ich gieße reines Wasser über euch aus, dann werdet ihr rein. Ich reinige euch von aller Unreinheit und von allen euren Götzen.« (Ez 36, 25)

Der Weihrauch gilt als Symbol der Gottesverehrung sowie des geistigen Wohlgeruches, den gute Werke und heiliger Lebenswandel verbreiten.

»Ihr werdet Duft verströmen wie der Weihrauch, ihr werdet Blüten treiben wie die Lilie.« (Sir 39, 14)

Das Warten auf den Herrn. Das Seufzen nach Erlösung. Ist kein erfüllter Akt.

Das Kirchenjahr führt uns Schritt für Schritt diesen Weg zur persönlichen Rettung hin. Läßt uns Jahr für Jahr den Erlöser-Weg gehen. Damit es uns klar wird, daß wir Gottes Eigentum sind.

»Er kam in sein Eigentum, aber die Seinen nahmen ihn nicht auf. Allen aber, die ihn aufnahmen, gab er Macht, Kinder Gottes zu werden, allen, die an seinen Namen glauben.« (Joh 1, 11–12)

So spannt sich ein weiter Bogen vom ersten Adventsonntag bis zum Christkönigsfest. In mütterlicher Fürsorge werden wir bei der Hand genommen. Durch die Frohe Botschaft zu unserem Heil geführt.

Von unserem Bekenntnis zur Gottheit Jesu Christi wird es abhängen, ob das Kirchenjahr zum „Jahr des Heiles“ wird oder nicht.

Kaiser Napoleon I. brachte seine letzten Lebenstage in der Einsamkeit zu. Die weltentlegene Insel St. Helena war sein Verbannungsort. Wie gefürchtet war doch dieser Mann einst gewesen. Wieviele Schlachten hat er geliefert. Unzählige Menschen in den Tod und in das Elend getrieben. Als berühmter Held und Sieger gefeiert.

Eines Tages ging Napoleon gegen Abend mit seinem Freund, dem General Bertrand, spazieren. Eine ernste Stimmung hatte sich des Kaisers im Exil bemächtigt.

Plötzlich bleibt er stehen. „General", ruft Napoleon aus, „nun bin ich allein auf dieser Insel. Wer kämpft für mich? Wer erobert Reiche für mich? Nun erst verstehe ich mich auf Menschen, und ich sage Ihnen, Jesus Christus war nicht bloß ein Mensch, nein, er war Gott.

Ich werde bald sterben müssen und zu Erde werden. Ein Sarg und eine Grube sind mir dann von meiner Macht geblieben.

Welche Kluft zwischen meinem Elend und der Weltherrschaft Jesu Christi! Jesus Christus, mein Heiland, immer verkündet, immer gepriesen, immer geliebt, immer angebetet!"

So hat ein Kaiser sein Bekenntnis an die Gottheit Jesu Christi abgelegt.

Aus Liebe zu uns ist der Sohn Gottes Mensch geworden, um uns durch SEINEN Tod am Kreuz zu erlösen und ewig selig zu machen.

»Er entäußerte sich und wurde wie ein Sklave und den Menschen gleich.

Er erniedrigte sich und war gehorsam bis zum Tod, bis zum Tod am Kreuz.« *(Phil 2, 7; 8)*

Die schwarz und hellgrau gefärbte Nebelkrähe zieht krächzend durch die Gegend.

Am Wege häufen sich kleine und große Schneehügel auf, als hätte die Erde unter dem Leichentuch Buckel bekommen. Ja, darunter müssen die Zwerge wohnen.

Sie haben unterm Schnee große Höhlen und Säle, in welchen sie ihre Schätze horten.

Am Tage kann man sie nicht sehen, aber des Nachts im Mondlicht, da kann man in die gleißende und glitzernde Pracht hineinschauen.

Wie viele tausend Edelsteine dünkt es einem. Doch wenn man sie aufgreifen will, verschwinden sie im Schnee …

»Dann kann ich zu mir selber sagen: Nun hast du einen großen Vorrat, der für viele Jahre reicht. Ruh dich aus, iß und trink, und freu dich des Lebens!

Da sprach Gott zu ihm: Du Narr! Noch in dieser Nacht wird man dein Leben von dir zurückfordern. Wem wird dann all das gehören, was du angehäuft hast?

So geht es jedem, der nur für sich selbst Schätze sammelt, aber vor Gott nicht reich ist.« (Lk 12, 19–21)

Dein Weg ist ein Um-Kehren-Weg.

Ein schmaler Weg windet sich den steilen Berghang hinauf. Ein Um-Weg.

Viele Kehren sind notwendig, um von oben nach unten, von unten nach oben zu gelangen.

Weit weg muß ich gehen, einen Umweg muß ich machen, um anzukommen.

Eine direkte Verbindung zwischen Tal und Gipfel wäre kürzer. Doch bei diesem Gelände …

Sehr wahrscheinlich haben Menschen, Generationen allmählich aus einem engen Pfad einen schmalen, dann einen breiten Weg, schließlich eine Straße gemacht.

» Johannes der Täufer sagte: Ich bin die Stimme, die in der Wüste ruft: Ebnet den Weg für den Herrn! « (Joh 1, 23)

Menschen folgten Menschen.

Sie hatten Vertrauen zu denen, die vorher den Weg versucht hatten. Vertrauen darauf, daß es ein guter, der richtige Weg sein wird. Um ihn aber nachgehen zu können, blieben die Kurven, die Kehren, blieb der Weg ein Umweg und doch – der einzig gangbare Weg.

» Am Tag darauf sah Johannes der Täufer Jesus auf sich zukommen und sagte: Seht, das Lamm Gottes, das die Sünde der Welt hinwegnimmt. «

(Joh 1, 29)

Es ist eine große, neue Zeit in diesem Wald-Winter.

An allen Zweigen hängen lange Eiszapfen. Auch sie haben ihr Geheimnis von der Winterfrau mitbekommen: viele bunte Farben legte sie hinein, die sie im Regenbogen des Sommers wegnahm und in den kalten Glaskristallen versteckte. Wenn man die Eiszapfen gegen die Wintersonne hält, dann blinken die Farben auf wie im großen Regenbogen des Sommers.

Aber nicht immer leuchtet die Wintersonne vom Himmel. Dichte graue Wolkentücher legen sich vor alles Licht, und ein tiefes Dunkel erfüllt den Winterwald. Schief bläst der Wind die Flocken herab und weht die Wege so zu, daß man nicht mehr fortkommt im tiefen Schnee.

Wer ist es, der die Menschen hindern will?

Sind die Zwerge aus ihren Höhlen gekommen, um sie festzuhalten? Wer ist es sonst? Der Wald scheint doch tot zu sein und alles Leben des Sommers in die Erde, tief unter den Schnee geflüchtet!

Ja, ist der Wald wirklich tot? O nein! Saft und Mark der Bäume haben sich zwar in die Wurzeln zurückgezogen, und auch das Pflanzenleben ist still und bescheiden geworden. Im warmen Schoß der Erde ruhen nun die Wurzeln und die Triebe von Krokus, Schneeglöckchen, Anemonen und Veilchen, lieb und wohlbehütet.

Unterm Schnee liegt das Leben von schlafenden und vom Frühling träumenden Blumenkindern, aber auch von Bucheckern, Eicheln, Zapfen, Nüssen und mancherlei anderen Samen.

» *Wir rühmen uns ebenso unserer Bedrängnis; denn wir wissen: Bedrängnis bewirkt Geduld, Geduld aber Bewährung, Bewährung Hoffnung. Die Hoffnung aber läßt nicht zugrunde gehen; denn die Liebe Gottes ist ausgegossen in unsere Herzen durch den Heiligen Geist, der uns gegeben ist.* « *(Röm 5, 3–5)*

Viel Hoffnung ist auch über der Erde geblieben, in den kleinen Knospen am Strauch und Baum.

Ganz verschwunden sind die Pflanzen nicht. Es sind doch noch einige grüne Kräuter zu finden.

Unterm Schnee liegen Immergrün und Brunnenkresse. Und der Efeu rankt sich an den Baumstämmen empor. Auch die grünen Stechpalmen mit den leuchtendroten Beeren wollen wir nicht vergessen.

Dazu rauschen noch immer unter Eis und Schnee die munteren und schnellen Bächlein.

Wer aber ein Sonntagskind ist und den rechten Platz zu finden weiß, dem fällt wohl plötzlich ein wundersames Weiß und Grün ins Auge. Die Christrose.

Auch wenn Weihnachten schon lange vorüber ist.

Der Zauber der Heiligen Nacht leuchtet hinein durch Kälte und Frost.

Atemberaubend ist der Weg der Geschichte Gottes mit uns Menschen.

Im Spiegelbild sehen wir darin zugleich unseren eigenen Weg. Auch entbehrt er weder Rhythmus noch Spannung.

Vergänglich ist des Menschen Sein, unendlich aber das göttliche. Kurz ist des Menschen Lebensspanne, übertrieben sein Besitzstreben.

»*Die Stunde ist gekommen, aufzustehen vom Schlaf.*

Die Nacht ist vorgerückt, der Tag ist nahe. Darum laßt uns ablegen die Werke der Finsternis und anlegen die Waffen des Lichts.« (*Röm 13, 11; 12*)

Die Sonntags-Evangelien allein schon führen jeden, der sich führen läßt, tief hinein in die Geheimnisse des Glaubens: Aufbruch und Ziel. – Entbehrung und Segen. – Leiden und Freude. – Fasten und Feiern. – Tod und Leben. – Tiefen und Höhen. – Durst und Wasser. – Dunkel und Licht. – Menschliche Schuld und göttliche Erlösung. So wird der Weg zur Krippe bereitet.

Im Osterfest – in der Auferstehung Christi – hat sowohl unser Glaube als auch das Kirchenjahr seine Mitte.

»Du zeigst mir die Wege zum Leben, du erfüllst mich mit Freude vor deinem Angesicht.« (Apg 2, 28)

Gott läßt mich nicht allein.

Bunt wie der Regenbogen sind die Gaben des Heiligen Geistes. Aus der Vielzahl dieser Gaben werden sieben besonders hervorgehoben.

Der Christ ist nicht nur mit Wasser getauft. Seine Taufe hat ihn zum Christen gemacht, weil sie eine Taufe durch den Heiligen Geist ist. Schon Johannes der Täufer, der Vorläufer Christi, hat darauf aufmerksam gemacht:

»Ich taufe euch nur mit Wasser zum Zeichen der Umkehr. Der aber, der nach mir kommt, ist stärker als ich, und ich bin es nicht wert, ihm die Schuhe auszuziehen. Er wird euch mit dem Heiligen Geist und mit Feuer taufen.« (Mt 3, 11)

Damit du weißt, was du sagen und tun sollst, gibt ER dir den Geist der Weisheit. – Damit du begreifst, was der Wille Gottes ist, den Geist der Einsicht. – Damit du ratlosen Menschen helfen kannst, den Geist des Rates. – Damit du dich traust zu reden und zu handeln, wie Gott es von dir erwartet, den Geist der Stärke. – Damit du unterscheiden kannst zwischen gut und heillos, alles, was nicht der Wille Gottes ist und daher ins Unglück führt, den Geist der Erkenntnis. – Damit du das Gute gern, oft und rasch tun kannst, den Geist der Frömmigkeit. – Damit du Gott ganz vertrauen kannst wie einem Vater und staunen kannst vor SEINER Größe, den Geist der Gottesfurcht.

Christus war der große „Pneumatiker“, vom Geist gesalbt und vom Geist erfüllt.

In meinem christlichen Leben hängt der Erfolg davon ab, daß ich vom Geist Gottes ganz, bis in die letzte Faser meines Seins, erfaßt bin.

»Weil ihr aber Söhne seid, sandte Gott den Geist seines Sohnes in unser Herz, den Geist, der ruft: Abba, Vater.« *(Gal 4, 6)*

Gott per „DU“ anreden können. Mit IHM in der menschlichen Vertraulichkeit SEINER Selbstmitteilung auf „Du und Du“ umgehen zu können, das ist Vollendung christlichen Lebens.

An einem Tannenzweig hing ein grauer Regentropfen. Als die Sonne durch die Wolken brach, blitzte er auf und glühte in tausend Farben. Wohl verzehrten ihn die Strahlen, indem sie ihn verschönten. Aber er achtete es nicht und zitterte vor Glückseligkeit. Bis der letzte Funke erlosch. Dann verlor er sich auf unsichtbaren Schwingen im Blau des Himmels.

Funkeln und verglühen, sterben und verwehen, blühen und verblühen, muß dein Herz verstehen.

Keine Klage sprechen darf ein fromm Gemüt, und das Herz muß brechen, wie ein Stern verglüht.

Wie ein Stern noch blinken bis zur letzten Stund und dann leuchtend sinken in den Himmelsgrund.

„Dies ist der Allherrscher, der eine Gott, leuchtend in Güte, wunderbar in SEINEN Werken, dessen unermeßliche Herrlichkeit in ihrer geheimnisvollen Tiefe kein Mensch vollkommen erschauen kann.“ Die heilige Hildegard in einer Schau.

Allerheiligen. Die glanzvolle Versammlung der Geretteten vor dem Throne Gottes.

Zwischen einer Reihe von Visionen über Katastrophen der Weltgeschichte läßt uns der heilige Johannes in der „Offenbarung" einen Blick hinaus über das Zeitliche tun. Läßt uns teilhaben an seiner Vision.

»*Die Rettung kommt von unserem Gott, der auf dem Thron sitzt, und von dem Lamm.*« *(Offb 7, 10)*

Die Welt ist nicht so finster, wie es manchmal scheinen möchte. Kind Gottes sein heißt: von Gott geliebt und angenommen sein.

Bei den Mundas in Afrika gibt es einen merkwürdigen Brauch: Wenn ein Leopard oder sonst ein Raubtier eine Ziege gerissen hat und kann irgend jemand dem Räuber die Beute wieder abjagen, so gehört sie von da ab dem Befreier, nicht mehr dem früheren Besitzer.

Der Befreier geht mit der geretteten Ziege zu dem bisherigen Eigentümer und spricht nur das eine Wort: „Hardugan". Damit sind die erforderlichen Formalitäten erledigt. Fortan gehört die Ziege ihm.

Das Wort „Hardugan" bedeutet: „Ich habe das Tier befreit; jetzt gehört es mir."

Nun haben die christlichen Mundas den sinnigen Einfall gehabt, ihren Kindern mit Vorliebe diesen Rufnamen zu geben: „Hardugan". Sie sagen damit: „Christus hat dich befreit; nun gehörst du ihm."

„Hardugan", eine wundervolle Weisung.

Ein „Hardugan" will ich sein. Ein Leben lang. Befreit von der Knechtschaft der Sünde.

»Alles Erleuchtete aber ist Licht. Deshalb heißt es: Wach auf, du Schläfer, und steh auf von den Toten, und Christus wird dein Licht sein.«

(Eph 5, 14)

Kind Gottes sein heißt: von Gott geliebt und angenommen sein. Es heißt auch, in SEINER Nähe leben. Von SEINER Liebe geprägt sein.

»*Liebe Brüder, jetzt sind wir Kinder Gottes. Aber was wir sein werden, ist noch nicht offenbar geworden. Wir wissen, daß wir ihm ähnlich sein werden, wenn er offenbar wird; denn wir werden ihn sehen, wie er ist.*

Jeder, der dies von ihm erhofft, heiligt sich, so wie er heilig ist.« *(1 Joh 3, 2–3)*

Die Seligpreisungen der Bergpredigt nennen die Bedingungen für den Einlaß in das Reich Gottes.

Nicht weil er arm ist, wird der Arme seliggepriesen, und der Verfolgte nicht, weil er verfolgt wird. Glücklich, wer zur Armut und Verfolgung ja sagen und sich darüber sogar freuen kann. Weil er so Christus ähnlich wird und in der eigenen Schwachheit die Kraft Gottes erfährt.

Triumphierende, kämpfende und leidende Kirche sind wir.

Der Himmel ist die Hoffnung der Glaubenden. Er gilt als Stätte des Heils. In ihn stieg der Auferstandene auf, und von ihm kommt der Menschensohn. Er ist die Stätte der Heilsgüter. Darum sollen die Christen suchen, „was droben ist“.

»*Ihr seid mit Christus auferweckt; darum strebt nach dem, was im Himmel ist, wo Christus zur Rechten Gottes sitzt.*

Richtet euren Sinn auf das Himmlische und nicht auf das Irdische!«

„Denn ihr seid gestorben, und euer Leben ist mit Christus verborgen in Gott.

Wenn Christus, unser Leben, offenbar wird, dann werdet auch ihr mit ihm offenbar werden in Herrlichkeit." *(Kol 3, 1–4)*

Von dem Augenblick an, wo die Seele Gott schaut, ist es ihr in alle Ewigkeit unmöglich, sich jemals von IHM zu trennen. Das ist genauso, wie wenn wir ein kleines Eisenstück vor einen gewaltigen Elektromagneten bringen und den Strom einschalten.

Das Eisenstück fliegt uns aus der Hand und klebt so fest am Magnet, daß wir es nicht mehr von ihm entfernen können.

Es verlangt auch gar nicht mehr von ihm weg. Denn die ungeheuren magnetischen Ströme durchfließen das Eisen mit solcher Macht, daß es sich nicht mehr davon lösen kann und will.

Darum sagt Angelus Silesius ganz richtig: „Das Antlitz Gottes zieht an sich wie Eisenstein, nur einen Blick es schau'n macht ewig selig sein."

Meine Sterbestunde. Sie kommt ganz gewiß. Nur Jahr und Tag kenne ich nicht.

Durch das Tor des Todes kann niemand mit uns gehen. Auch der Liebste nicht.

Nur Christus kann es. Ohne IHN wären wir allein in dieser dunklen Stunde. Wie das Menschenleben, so hat ER auch den Tod des Menschen ganz in sich aufgenommen. ER kennt den Weg, ER weiß, daß ER nicht im engen Dunkel bleibt. So bleiben auch wir nicht allein.

„Durch ihn haben wir auch den Zugang zur Gnade erhalten, in der wir stehen, und rühmen uns unserer Hoffnung auf die Herrlichkeit Gottes."

(Röm 5, 2)

Die heilige Gertrud betete einmal für eine arme Seele das Vaterunser, sah aber im Geiste, wie jene bei den Worten: „Vergib uns unsere Schulden ..." ein gewisse Angst an den Tag legte.

Gertrud fragte sie, woher das komme, und erhielt die Antwort: „Als ich noch auf Erden lebte, habe ich vielfach dadurch gefehlt, daß ich meinen Widersachern nicht leicht verzieh, sondern längere Zeit unfreundlich zu ihnen war. Zur Sühne muß ich es nun ertragen, daß ich bei jenen Worten von einer schmerzlichen Beschämung und Angst befallen werde."

Als dann für diese Seele das heilige Meßopfer dargebracht wurde, erschien sie wunderbar beseligt.

Da wandte sich Gertrude an den HERRN: „Hat jene Seele nun alles überstanden, was sie zu leiden hatte?" Der HERR erwiderte: „Sie hat mehr überstanden, als du oder irgendein Mensch sich vorstellen kann. Dennoch ist sie noch nicht so vollkommen geläutert, daß sie meiner göttlichen Anschauung würdig wäre; aber durch die Gebete, die für sie verrichtet werden, wird sie von Stunde zu Stunde immer mehr erleichtert. Eure Gebete würden ihr noch schneller helfen, wenn sie nicht noch eine Schuld abzutragen hätte. Sie hat sich nämlich auf Erden hart und unerbitterlich gezeigt, wenn es galt, sich dem Willen jener zu unterwerfen, die sie um etwas baten, was sie nicht wollte."

Das im Tod aufbrechende Leben ist ein Geheimnis. Erst in der Vollendung dürfen wir schauen, wie Gott ist.

HERR, gib ihnen die ewige Freude. Nimm sie auf in DEINEN Frieden. Amen.

Marienfrömmigkeit ist die angemessene Antwort des Herzens auf die Mutter Jesu.

Durch ihre Bereitschaft und ihren Einsatz im Dienste der anderen ist sie Vorbild und Helferin.

Maria, breit den Mantel aus! Mach Schirm und Schild für uns daraus! Laß uns darunter sicher stehn, bis alle Stürm' vorübergehen! Patronin aller Güte, uns allezeit behüte!

Viele Menschen werden mit dem Leben nicht fertig. Sie verzweifeln an sich selbst und an ihrer Umgebung, an der Kirche, der Welt und an Gott.

Die vielen Selbstmorde sind ein trauriges, aber sprechendes Beispiel dafür.

Das Leben stellt an jeden einzelnen hohe Anforderungen. Mancher ist ihnen gewachsen.

Andere wieder sind einsam. Fühlen sich vereinsamt. Suchen Verbindung und finden sie nicht.

Nach altem Brauch der Römer unterstellten sich schwache, hilflose Menschen dem persönlichen Schutz eines Mächtigen, der sie nun in allen ihren Belangen und Anliegen mit seiner ganzen Autorität genau so vertrat wie sich selbst.

Als Symbol dafür breitete der Schutzherr seinen Mantel über den Schwachen aus. Nun konnte kommen, was da wollte, der andere stand unter seinem „Mantelschutz“. Dieser Schutzherr wurde „Patron“ genannt.

In Anlehnung an diesen tiefsinnigen Brauch nennen wir mit Vorliebe die allerseligste Jungfrau Maria und Mutter des Herrn „Schutzmantel-Madonna". Gerne singen wir: Maria, breit den Mantel aus!

Gott allein gebührt die Anbetung. Den Heiligen hingegen die Verehrung im Glauben. Das älteste Gebet, das sich an die Mutter des Herrn richtet, stammt aus dem Ende des 3. Jahrhundert: „Unter deinen Schutz und Schirm fliehen wir, heilige Gottesmutter. Verschmähe nicht unser Gebet in unseren Nöten, sondern errette und jederzeit aus allen Gefahren, o du glorwürdige und gebenedeite Jungfrau, unsere Frau, unsere Mittlerin, unsere Fürsprecherin. Führe uns zu deinem Sohne, empfiehl uns deinem Sohne, stelle uns vor deinem Sohne."

Die Mutterschaft Mariens ist ein inniger Bestandteil im Vorgang der Menschwerdung Gottes. Marias Christi-Mutterschaft ist heilsbedeutsam.

»Er hat beschlossen, die Fülle der Zeiten heraufzuführen, in Christus alles zu vereinen, alles, was im Himmel und auf Erden ist.« *(Eph 1, 10)*

Maria wirkte auf ihre Weise mit, als Gott nach SEINEM Heilsplan beschloß, „die Fülle der Zeiten heraufzuführen".

Maria, im wahrsten Sinne des Wortes Christus-Trägerin, Christophora. Und das nicht nur bis zur Geburt Jesu. Nach der katholischen Lehre beinhaltet Marias Rolle ein Daueramt, das sie ausübt bis zum Ende der Zeiten. Je größer die Gefahren, umso sichtbarer ihr Eingreifen, ihr Schutz und ihre Hilfe.

»Der Name der Jungfrau war Maria. Der Engel trat bei ihr ein und sagte: Sei gegrüßt, du Begnadete, der Herr ist mit dir.

Du wirst ein Kind empfangen, einen Sohn wirst du gebären; dem sollst du den Namen Jesus geben.

Er wird groß sein und Sohn des Höchsten genannt werden.« *(Lk 1, 28; 31–32)*

Beten, beten, beten! Der Notruf unserer Zeit. Es ist der Weg, der den Menschen wieder zu sich finden läßt.

Nie werde ich es müde sein zu schreien: Die Welt braucht Beter. Braucht unermüdliche Beter, die sie aus den Angeln heben. „Allein den Betern kann es noch gelingen, das Schwert ob unseren Häuptern aufzuhalten." Aus Reinhold Schneiders Versen.

Der Rosenkranz-Sühnekreuzzug umfaßt weltweit ein 20-Millionen-Heer von Betern für den Frieden.

Der Rosenkranz ist die meistgeübte Form des wiederholenden Betens in der abendländischen Kirche.

Es wird noch gebetet.

Welt und Kirche sind nicht nur negativen Einflüssen ausgesetzt, sondern werden auch täglich durch die Kraft des Gebetes gestärkt. Bei ihrer Erscheinung am 13. September 1917 sagte die Muttergottes zu den Kindern von Fatima, sie möchten fortfahren, den Rosenkranz zu beten, um das Ende des Krieges zu erbitten. – Heute, 75 Jahre danach, gehen uns die Augen auf. Die unerwarteten Veränderungen in der Welt, besonders im Osten, aber auch innerkirchliche Spannungen dürfen uns nicht müde werden lassen zu beten.

Gebet soll mehr sein als nur Bittgebet. Den Schöpfer loben, IHM danken. Mitzittern um das Heil der Seelen. Leiden, Krankheiten, können einen Menschen läutern. Können Werkzeug des Apostolates sein.

Ich kannte sie, die Leidensblume Anna Schmid. „Mit zwanzig bin ich erkrankt. Da habe ich zuerst mit dem Herrgott gehadert. Kurze Zeit später schon bin ich IHM unendlich dankbar geworden. Ich sehe es als eine besondere Gnade und Auserwählung an.“ Das sagt eine Frau, intelligent, aufgeschlossen, die 54 Jahre ihres Lebens schwer krank ist. Auf die Hilfe ihrer Geschwister angewiesen. 44 Jahre im Rollstuhl verbringt. Die letzten drei im Wasserbett. Abgemagert, der ganze Körper fast eine einzige Wunde. Für jede kleine Hilfe ist sie dankbar.

Der Rosenkranz, ihre Gebetswaffe. Der eucharistische Leib Christi ihre tägliche Stärke. Die Anliegen der Kirche, die Not in den Missionen, die Gleichgültigkeit so vieler, werden zu ihren Sorgen.

Ihr Sterbetag fällt auf einen Mittwoch, den Tag des heiligen Josef, dem Schutzpatron der Gesamtkirche und einer glücklichen Sterbestunde. Zugleich ist dies der 8. Mai, der Festtag „Maria, Mittlerin der Gnaden“.

Die Leidensblume Anna. Für mich eine Lotosblume, eine Seerose. Zählt zu den schönsten Blumen in Gottes Schöpfung. Über ruhige, nicht zu tiefe Gewässer breitet sie ihre großen runden Blätter aus. Aus ihrem dunklen Grün leuchten die herrlichen Blüten hervor. Stets der Sonne zugewandt, scheinen sie ein Abbild ihres strahlenden Antlitzes zu sein.

Lebend im Wasser – auf die Taufe bezogen. Losgelöst von der Erde. Dem Sonnenlicht allein erschlossen.

Anna Schmid. Eine Seele, die es verstand, das Leben Christi nachzuleben. Geführt an der Hand Mariens. Könnten wir doch so eine Blume sein.

Losgelöst von der Erde. Und hineingewachsen in die Reinheit des Himmels.

» *Wie uns nämlich die Leiden Christi überreich zuteil geworden sind, so wird uns durch Christus auch überreicher Trost zuteil.* « *(2 Kor 1, 5)*

Zerrissene Hosen und abgeschundene Knie. Aber ein fröhliches Herz und ein froher Sinn.

Verborgen liegt die Erinnerung aus meinen Kindertagen im goldenen Kästchen „So-war-es-einst".

Baumklettern war meine Leidenschaft. Zwischen die Oberschenkel den Stamm drücken. Mit der Fußfläche sich so richtig hineinbohren in die abbröckelnde Borke. Sich in der Umarmung festpressen. Alle Muskel anspannen. Alle Kräfte aufwenden. Und dann …

Mit einem Ruck nach oben kommen. Schnaufen. Kurz und tief.

Und weiter geht's. Bis das Ziel erreicht ist …

Die Grundsätze deines Lebens müssen in Gott verankert sein. Denn ER ist der Grund deines Lebens.

Der Dichter Hermann Bahr bekennt einmal von sich: „Ich trank aus allen Brunnen der Zeit und verschmachtete vor Durst. Da bin ich in der argen Herzensnot zu meinem Glauben zurückgekehrt.

Um Wahrheit, um innere Klarheit, um Gewißheit fing ich an zu beten. Die geistige Not hat mich beten gelehrt …

Und mein Glaube wurde nicht zuschanden, mein Gebet ist erhört ... Ich fand in Gott all mein Vertrauen gestillt, meine wilden Wünsche schwiegen."

Wichtig ist es, daß auch das Herz, das heißt der ganze Mensch, im religiösen Leben mitschwingt und mittut.

Das Korn wird schimmelig und verdirbt, wenn es in einem tiefgelegenen Keller mit der Feuchtigkeit in Berührung kommt.

Und das Menschenherz?

Auch dieses wird schimmelig und verdirbt, wenn es seinem ganzen Sinnen und Trachten nach nur in den Niederungen der Erde bleibt.

Darum sagt der heilige Augustinus: "Wenn dein Korn in einem tiefergelegenen feuchten Keller der Gefahr ausgesetzt ist, schimmelig zu werden, bringst du es in einen höhergelegenen Raum.

Willst du aber dein Herz davor bewahren, daß es nicht wegen der großen Erdnähe anfault, so trag es hoch empor.

Trag es hinauf zu Gott"

Dimensionen unseres irdischen Lebens. Die Frage nach dem Sinn gibt sich nicht mit halben Wahrheiten zufrieden. Denn unsere Seele lechzt nach beseligender Lebenstiefe, die uns in die Arme Gottes führt. Unser Leben hätte von sich aus keinen letzten Sinn, wenn Gott uns nicht ein Ziel gesetzt hätte.

»Müht euch nicht ab für die Speise, die verdirbt, sondern für die Speise, die für das Ewige Leben bleibt und die der Menschensohn euch geben wird. Denn ihn hat Gott, der Vater, mit seinem Siegel beglaubigt.« (Joh 6, 27)

Jenseits aller Rangordnung besteht eine Wahrheit: die Wirklichkeit Gottes. Sie fordert uns heraus, sich ihr glaubend zu öffnen und Jesus, den Sohn, als die unfaßbare Offenbarung Gottes anzunehmen.

Dann durchbricht ein Millionen-Blitze-Leuchten jede Grenze menschlicher Vorstellungen.

Staunend treten wir ein in den Raum des Lichts.

Hier tanzen vor meinem Geiste – schwindelerregend ruhig zugleich – drei Mächte. „Das-Blau-meiner-Seele", „Die-Viriditas-der-Schöpfung", „Der-Golden-Gelb-Glanz-von-Oben". Das macht mich frei. Gänzlich un-ge-bunden, bereit. Die Helle SEINER Heiligkeit, die Macht SEINER Treue, die Wohltat SEINER Umarmung umfängt mich. Läßt mich nicht mehr los. Ich fühle mich be-gnadet. In SEINER Hand.

»Ich bin das Alpha und das Omega, spricht Gott, der Herr, der ist und der war und der kommt, der Herrscher über die ganze Schöpfung.« (Offb 1, 8)

Ein „Brief Christi" bin ich. Ich brauche mich nicht „selbst zu empfehlen". Geschrieben ist in mir mein Brief „mit dem Geist des lebendigen Gottes".

Die drei Siegel wurden im Laufe meines Lebens geöffnet. Eines nach dem anderen. Schellack, Farbe und Wachs sind verschwunden. – Mein Leben und das deine sind geblieben.

Alpha und Omega, Anfang und Ende, haben sich für mich, für dich in „Christus" getroffen. Wir beide haben IHN „angezogen".

E*röffnung des Konkursverfahrens. Sie ist die Folge von Zahlungsunfähigkeit. Ein Versager sein im Leben, den Weg verfehlt haben – davor möge der Herr uns bewahren. Daher rechtzeitig die Lebenstiefe finden.*

Licht sein wie die Kerzen auf unseren Altären. Ein Sinnbild Christi, SEINES Lebens und SEINER Wahrheit. „Lumen Christi".

Getragen werden durch die Kraft von oben und unsere Schwachheit einsehen. Diese Gnade wollen wir erbitten.

Christ-Sein verlangt Gesamterziehung. Unterordnen des Körperlichen dem Seelischen. – Dein Leib ist ein lebendiges Glied in der Schöpfung Gottes. Dir anheim gegeben. Unter deine Obhut gestellt. Du darfst ihn nicht vernachlässigen, damit er keinen

Schaden nimmt. Im Seelengrund liegt aber deine ganze Person gebündelt. Dort ist der Ort der letzten menschlichen Tiefe. – Du mußt sie suchen und entdecken. Anschauen und verinnerlichen. Erfahren und erleben. Dann erst bist du eins. Mit dir und der Schöpfung.

Schön ist die Welt. Ich danke dem HERRN, daß ER sie geschaffen hat. Und mich da hineingestellt. Ich möchte das Meine dazu beitragen – tu das gleiche –, daß viele Menschen sich mit uns freuen können.

Die „Sieben W": Die Welt ist Wachs, da alles in ihr vergänglich ist. – Die Welt ist ein Weg zu Gott, der leicht zum Irrweg werden kann. – Die Welt ist ein Wild, das oft viele zerreißt. – Die Welt ist ein Wind, der dem Menschen das Licht auslöscht. – Die Welt ist ein Wust, weh dem der sich damit besudelt. – Ein Wunder ist die Welt – für den, der sie schaut.

Ich stehe da, die Augen zum Himmel erhoben. Eine junge Mutter geht an mir vorbei. Hält ihr Kind an der Hand. Schwalben kommen an mich heran. Umkreisen mich. Und fliegen wieder davon. Hinein in das Blaue.

Mitfliegen möchte ich. Meine Sorgen emportragen und hineinlegen in die Hand des Schöpfers. Alle Tage meines Lebens. Bis ER mich heimholt.

» Ich will den Herrn allezeit preisen; immer sei sein Lob in meinem Munde. « (Ps 34, 2)

INHALTSVERZEICHNIS

ERSTES BUCH

ZWEITES BUCH

DRITTES BUCH

1. Auflage 1992

Umschlagfoto:
Rolf Poss, D-8227 Siegsdorf/Oberbayern

Fotos im Innenteil:
Gerda Christ, St. Pölten

Umschlaggestaltung und Layout:
Atelier Rendl, Wien

Gesamtherstellung:
Niederösterreichisches Pressehaus
Druck- und Verlagsgesellschaft mbH
A-3100 St. Pölten, Gutenbergstraße 12

ISBN 3 85326 964 8